COURS

D'ADMINISTRATION MILITAIRE

TRAITANT

L'ADMINISTRATION DES COMPAGNIES D'INFANTERIE

A L'USAGE

DES OFFICIERS D'INFANTERIE

DES OFFICIERS DE RÉSERVE DE L'ARMÉE ACTIVE

DES OFFICIERS DE L'ARMÉE TERRITORIALE

DES SOUS-OFFICIERS COMPTABLES

DES ENGAGÉS CONDITIONNELS D'UN AN

RENNES

LIBRAIRIE MILITAIRE ALPH. LEROY FILS

Imprimeur-Éditeur.

1876

COURS

D'ADMINISTRATION MILITAIRE

TRAITANT

L'ADMINISTRATION DES COMPAGNIES D'INFANTERIE

A L'USAGE

DES OFFICIERS D'INFANTERIE

DES OFFICIERS DE RÉSERVE DE L'ARMÉE ACTIVE

DES OFFICIERS DE L'ARMÉE TERRITORIALE

DES SOUS-OFFICIERS COMPTABLES

DES ENGAGÉS CONDITIONNELS D'UN AN

RENNES

IMPRIMERIE MILITAIRE ALPH. LEROY FILS

rue Louis-Philippe, 1.

—

1876

COURS D'ADMINISTRATION

DÉFINITION & OBJET DE L'ADMINISTRATION (1).

L'administration militaire est la branche d'administration publique spéciale à l'armée ; c'est l'ensemble des méthodes et des moyens par lesquels le Gouvernement pourvoit, dans toutes les circonstances, aux besoins des militaires, à la charge d'en rendre compte au pays.

La tâche de l'administration militaire est considérable ; il faut prévoir et satisfaire tous les besoins de cet ensemble formidable d'hommes et de chevaux qui composent l'armée, entretenir le nombreux matériel nécessaire à son action, acquitter toutes les dépenses qui en résultent, établir et présenter tous les comptes d'un budget qui s'élève en temps de paix à plus de 450,000,000 ; tout cela constitue un lourd fardeau, entraîne une lourde responsabilité.

Aux armées actives, les difficultés de cette tâche augmentent encore ; elles croissent avec la rapidité des mouvements, avec l'imprévu qui souvent domine toutes les si-

---

(1) Une grande partie des définitions contenues dans ce Cours ont été puisées dans le savant ouvrage de M. le sous-intendant Delaperrière.

tuations, qui déjoue les combinaisons les mieux étudiées ; les dépenses se multiplient, il faut prévoir tous les cas, même les plus défavorables, faire face à toutes les éventualités ; en un mot, il faut être prêt partout si l'on veut n'être surpris nulle part.

L'administration militaire doit entrer dans tous les détails. Moins heureuse que l'administration civile, dont le rôle est, dans la plupart des cas, de coordonner et de répartir des ressources créées en dehors d'elle, par l'initiative privée, l'administration militaire est obligée de créer elle-même ses ressources avant de les mettre en œuvre ; elle doit fabriquer, distribuer, surveiller l'emploi de tout ce qui est nécessaire à l'homme de guerre ; c'est déjà pour elle un grand succès que de rendre la vie possible en toutes circonstances.

Administrer c'est prévenir les besoins, y pourvoir en utilisant certaines ressources, contrôler les résultats et en justifier. Pour y arriver, de nombreuses règles ont été tracées ; des lois, des réglements, des instructions de toutes sortes, ont créé une réglementation minutieuse ne laissant rien à l'imprévu et qu'il est nécessaire d'étudier dans tous ses détails, de posséder parfaitement, si l'on veut éviter tout désordre.

L'ensemble des méthodes relatives à l'établissement des comptes constitue la comptabilité, qui a pour but de conserver la trace fidèle de toutes les opérations des gestions, de manière à permettre au contróle de s'exercer, non-seulement sur place, mais encore après coup et à distance.

La partie principale de l'armée se compose de corps de

troupe de différentes armes : infanterie, cavalerie, artillerie, génie, etc., qui constituent les moyens d'exécution mis entre les mains du commandement.

On peut définir un corps de troupe, la réunion d'un certain nombre d'unités tactiques sous une autorité et une administration communes.

Au point de vue administratif, un corps de troupe peut être considéré comme étant un grand être collectif, recevant de l'Etat comme une partie prenante individuelle, tout ce qui est nécessaire à son existence, et en faisant ensuite la répartition entre les individus qui le composent.

L'étude de l'administration intérieure des corps de troupe, c'est-à-dire les moyens employés par les corps pour assurer la satisfaction légitime des besoins et des droits de chacun de ses membres, doit donc comprendre les rapports de cet être collectif avec l'administration générale dont le rôle est de prescrire et de pourvoir, et ses rapports avec chacun des individus qu'il comprend.

En conséquence, l'administration intérieure des corps de troupe embrasse tout ce qui se fait dans les corps et par les corps pour procurer aux militaires compris dans leurs cadres, la perception des prestations de toute espèce auxquelles ils ont droit, à titre collectif et individuel, et pour justifier de l'emploi des sommes, denrées et autres matières que les divers services administratifs, chargés d'y pourvoir, leur fournissent, par les soins et sous la direction de la haute administration.

Un corps de troupe comprend toujours deux parties bien distinctes :

1° Une ou plusieurs portions actives, susceptibles d'être

mobilisées, d'être employées comme éléments tactiques aux armées ;

2° Un dépôt destiné à rester à l'intérieur pour recevoir les jeunes soldats, les équiper et les instruire, pour dresser les chevaux, les rendre propres au service de guerre, pour préparer et réunir le matériel ; en un mot, pour préparer le personnel et le matériel destiné à combler les vides que la guerre peut produire dans les portions actives.

On comprend d'après cela de quels soins doit être l'objet l'administration des dépôts ; car d'elle dépendra dans une mesure importante, le bien-être des hommes, non—seulement de ceux qui font partie du dépôt, mais aussi de ceux qui sont aux portions actives. Une autre considération concourt à faire considérer, au point de vue de l'administration, le dépôt comme la portion principale ; c'est qu'aux armées actives, il n'est pas possible de préparer ni de présenter des comptes sérieusement établis ; on ne peut qu'en réunir les éléments, et laisser ensuite au personnel militaire des dépôts le soin de les coordonner et, en les réunissant aux siens propres, de présenter les comptes de l'ensemble du corps.

L'administration de chaque corps de troupe est toujours distincte ; elle est confiée, dans les corps organisés sous la forme de *régiment, bataillon ou escadron*, à *un conseil d'administration* ; dans ceux organisés sous le titre de *compagnie ou de section*, à *l'officier commandant*.

Le Réglement du 10 mai 1844 sur l'administration et la comptabilité des corps de troupe, détermine la composition de ces conseils, les attributions et la responsabilité de chacun de ses membres.

Composition des conseils d'administration.

Les conseils d'administration sont composés ainsi qu'il suit :

1° Dans les corps organisés sous forme de régiment, sept membres :

Le colonel, *président ;*

Le lieutenant-colonel ;

Un chef de bataillon ;

Le major, *rapporteur ;*

Un capitaine de compagnie ;

Le capitaine d'habillement ;

Le capitaine trésorier, *secrétaire ;*

2° Dans les corps organisés sous forme de bataillon, cinq membres :

Le commandant du corps, *président ;*

Le capitaine-major, *rapporteur ;*

Un capitaine de compagnie ;

L'officier d'habillement ;

Le trésorier, *secrétaire.*

Parmi ces officiers, les uns sont, de droit, membres du conseil en raison de leurs fonctions ; d'autres : le chef de bataillon dans le régiment, le capitaine de compagnie, dans tous les corps, sont remplacés tous les ans, suivant l'ordre d'ancienneté, au 1er janvier. En cas d'absence momentanée de l'un des membres, il est suppléé, d'après l'ordre d'ancienneté, soit par un officier du même grade, soit à défaut, par le plus ancien du grade inférieur ; aucun d'eux, titulaire ou suppléant, ne peut refuser le mandat qui lui est confié.

Lorsqu'une ou plusieurs portions actives se séparent du dépôt et doivent s'administrer séparément, le dépôt prend le nom de *portion centrale* et le conseil d'administration du dépôt prend celui de *conseil central.*

Le conseil central comprend cinq membres :

> L'officier supérieur commandant le dépôt, *président ;*
>
> Le major, *rapporteur ;*
>
> Un capitaine de compagnie ;
>
> Le capitaine d'habillement ;
>
> Le capitaine trésorier, *secrétaire.*

Si le major est le plus ancien de grade, il prend la présidence du conseil en conservant les fonctions de rapporteur.

Dans le cas où il n'y aurait pas au dépôt d'autre officier supérieur que le major, l'officier qui marche après lui, en raison de son grade et de son ancienneté, fait de droit partie du conseil.

Si le nombre d'officiers présents au dépôt n'est que de quatre, le conseil central n'aura que quatre membres ; il peut même se réduire à trois :

> Le major, *président et rapporteur ;*
>
> Le capitaine d'habillement ;
>
> Le capitaine trésorier, *secrétaire,*

de telle sorte que l'on peut dire que la portion centrale est celle où restent toujours le major et les deux officiers comptables.

En principe, toute portion active qui quitte le département où siége le conseil central doit s'administrer séparément. Cependant, si elle reste dans la même division, le général de division peut, en raison des facilités de communication et sur la proposition de l'intendant divisionnaire, l'autoriser à rester sans administration distincte, soumise à celle du conseil central.

Lorsque l'administration des portions détachées doit être distincte, elle est exercée par *un conseil éventuel* toutes les fois que leur importance est d'au moins un bataillon; les détachements moindres sont administrés par leur chef, quel que soit son grade.

Les conseils éventuels se composent de cinq membres :

    Le commandant du détachement, *président;*

    L'officier qui prend rang immédiatement après lui ;

    Le capitaine remplissant les fonctions de major, *rapporteur;*

    L'officier délégué pour l'habillement;

    L'officier payeur, *secrétaire.*

Si le nombre des officiers présents est insuffisant pour former le conseil, le commandant du détachement en prend seul l'administration; cette circonstance doit être constatée par un procès-verbal dressé par le sous-intendant militaire.

Lorsque des portions actives, devant être administrées par un conseil éventuel, se détachent de la portion centrale ou que, revenant dans le département où siége le conseil central, elles cessent de s'administrer séparément, un procès-verbal dressé par le sous-intendant et porté sur les registres des délibérations constate chacun de ces faits, c'est-à-dire l'installation et la composition du conseil ou la cessation des fonctions du conseil éventuel.

Les conseils d'administration se réunissent ordinairement chez leur président et sur sa convocation.

Le président a la police des séances et la direction des discussions, il communique ou fait communiquer par le major, les lettres, dépêches et autres pièces relatives à l'administration et que le conseil doit connaître; le major expose les affaires à traiter.

Tous les membres du conseil ont voix délibérative, les moins élevés en grade opinant les premiers. Les décisions sont prises à la majorité des voix et inscrites sous forme de procès-verbal sur un registre de délibérations tenu par le trésorier; chaque procès-verbal est signé par tous les membres, et ceux d'entre eux qui n'adhèrent pas à l'avis de la majorité ont le droit de consigner, en séance, à la suite du procès-verbal, les motifs de leur opposition.

Le président ouvre seul les lettres adressées au conseil et remet au major celles qui sont relatives à l'administration; bien que la correspondance du conseil doive être signée par tous les membres, il signe seul les accusés de réception et les lettres d'envoi de pièces revêtues de la signature du conseil; il signe seul les lettres qui n'ont pas trait aux délibérations.

Attributions des Conseils.

Les conseils dirigent l'administration dans tous ses détails et surveillent les commandants de compagnie, dans l'exercice des fonctions qui leur sont attribuées. Ils prennent toutes les mesures nécessaires pour la bonne exécution des réglements et des ordres ou instructions concernant l'administration.

Ils passent, sous l'approbation du sous-intendant, les

marchés pour fournitures, confections ou réparations dont la dépense est à la charge des masses ou doit être liquidée par le ministre. Ils font procéder par des membres délégués, ou ils procèdent eux-mêmes à la réception de tous les objets, armes, effets, matières, etc., livrés par les fournisseurs ou les ouvriers.

Ils donnent quittance de sommes ordonnancées au profit du corps, les encaissent et remettent ensuite au trésorier, au fur et à mesure des besoins, celles qui sont nécessaires pour le paiement des créances immédiatement exigibles et pour le montant approximatif de deux prêts (solde de la troupe) si le corps est réuni et de trois prêts s'il y a des détachements à solder. Cette remise ne s'effectue qu'après justification de l'emploi des fonds que le trésorier avait reçus antérieurement et sous déduction de la somme qui lui reste entre les mains.

Ils donnent récépissé des allocations en nature, dès que la réception en a été faite et prescrivent à l'officier d'habillement d'en faire entrée dans ses comptes.

Ils surveillent la gestion des deux comptables manutentionnaires, signent et arrêtent tous leurs comptes; ils surveillent aussi l'action des commandants de compagnie.

Ils désignent les officiers qui doivent remplir les fonctions de comptables auprès des portions détachées et remettent à ces portions, les fonds nécessaires à leurs premiers besoins.

En résumé, les conseils dirigent l'administration des corps dans tous ses détails et veillent à ce que chacun se renferme dans l'exécution de leurs prescriptions et dans celle des dispositions réglementaires.

Responsabilité des Conseils.

Tous les membres des conseils d'administration sont solidairement et pécuniairement responsables de toutes les irrégularités autorisées par le conseil, s'ils n'ont pas protesté en séance et fait consigner au procès-verbal les motifs de leur opposition ; ils sont responsables des pertes ou déficits que l'inexécution des prescriptions ci-dessus pourrait occasionner, que le manque de surveillance de leur part pourrait amener.

Le montant en deniers des pertes occasionnées leur est imputé et partagé entre eux, au prorata de la solde de leur grade; ces imputations donnent lieu à des retenues mensuelles qui peuvent s'élever jusqu'au cinquième de leur solde.

Agents du Conseil.

On comprend sous le nom d'agents du conseil, le major, le trésorier et le capitaine d'habillement. Ils ont des attributions propres, et outre la responsabilité commune à tous les membres du conseil, une responsabilité toute particulière.

Major.

Le major exerce, au nom du conseil, une surveillance constante sur la gestion des officiers comptables, sur l'administration particulière des compagnies, en un mot sur toutes les parties de l'administration intérieure du corps. Son action dans le corps est analogue à celle que les fonctionnaires de l'intendance exercent sur les services administratifs en général.

Il tient les contrôles du corps et vise les bons de distribution pour les prestations en nature.

Il vérifie les registres tenus par les officiers comptables, s'assure de la régularité des comptes et de toutes les pièces justificatives qui les appuient; il les vise comme garantie de leur exactitude, et s'assure par des vérifications matérielles de caisse ou de magasin, de l'existence des deniers et des matières.

Toutes ces opérations sont obligatoires et engagent sa responsabilité. Il est donc responsable personnellement de toutes les inexactitudes qu'il a négligé de relever, des distributions irrégulières faites d'après des bons revêtus de sa signature, et de l'exactitude de l'encaissement fait par le trésorier des sommes autres que celles provenant d'ordonnancements directs.

Trésorier.

Le trésorier est chargé de la gestion manutentionnaire en deniers; comme tel, il fait toutes les recettes, il effectue tous les paiements qui concernent le corps.

Il touche chez le Trésorier-payeur général, toutes les sommes provenant d'ordonnances ou de mandats acquittés par le conseil et les verse dans la caisse du conseil; il perçoit directement et verse dans sa propre caisse, les sommes qui ont une autre origine; il reçoit du conseil tous les fonds qui lui sont nécessaires.

Il présente au conseil les comptes de sa gestion manutentionnaire et établit tous ceux de la gestion administrative du conseil pour les deniers.

Il est le secrétaire du conseil, établit sa correspondance sauf celle concernant l'habillement ; il est dépositaire du timbre du conseil. Il est en même temps l'archiviste du corps, est dépositaire des pièces et registres à conserver aux archives ainsi que du *Journal militaire officiel*.

Il tient à jour le registre matricule, les registres d'effectif et de distribution, vérifie les feuilles de journées qui établissent les droits du corps vis-à-vis du Trésor.

Il établit et certifie les états de service soumis ensuite à la signature du conseil.

De ces attributions il résulte que le trésorier est personnellement responsable des fonds qu'il a reçus sur l'acquit du conseil jusqu'au moment où il en a fait le versement dans la caisse du conseil, de ceux qu'il a reçus du conseil ou perçus directement sur ses quittances jusqu'à ce qu'il ait justifié de leur emploi ; enfin de toute erreur, de toute omission dans ses comptes, de tout paiement irrégulier qui en aurait été la conséquence.

Le trésorier est assisté dans ses travaux par un officier du grade de lieutenant ou sous lieutenant, qui porte le titre d'adjoint au trésorier et qui, en cas de séparation, suit les bataillons actifs en qualité d'officier payeur.

Officier d'habillement.

L'officier d'habillement est chargé de la gestion manutentionnaire en matières, comprenant la conservation et la distribution des effets et armes.

Il rédige la correspondance du conseil relative au service de l'habillement, est dépositaire des livrets d'échantillonstypes et des modèles adressés au corps par le Ministre.

Il arrête les factures de fournitures quelconques relatives à son service pour que le trésorier puisse les acquitter.

De même que le trésorier, il présente les comptes particuliers de sa gestion et établit tous ceux de la gestion administrative du conseil pour les matières.

Il est responsable de la conservation des objets de toute sorte dont il est comptable, de la régularité des consommations et distributions et de l'exactitude de ses écritures.

Il est secondé dans son service par un officier d'armement et un officier adjoint à l'habillement, le premier désigné par l'inspecteur général, le second nommé par le chef de corps sur la présentation de l'officier d'habillement et après avis du major. Un sous-officier sous ses ordres remplit les fonctions de garde-magasin.

Commandants de compagnie. — Attributions et responsabilités.

On doit encore considérer les commandants de compagnie comme des agents secondaires des conseils. Ils sont, sous l'autorité et la surveillance du conseil et du major, chargés de tous les détails de l'administration de leur compagnie ; ils veillent incessamment aux intérêts des hommes de troupe et leur distribuent les deniers et matières que le règlement leur attribue, après les avoir reçus des comptables du corps.

La compagnie, unité de second ordre, est à la fois le point de départ et la fin de toute l'administration intérieure des corps ; tout, denrées, matières, solde, est perçu pour elle et y est consommé ; l'officier qui la commande doit apporter une surveillance constante, une sollicitude, pour ainsi dire paternelle, pour assurer l'exacte satisfaction des besoins du soldat.

Le commandant de la compagnie est responsable non-seulement de l'emploi des denrées et matières mis à sa disposition, des distributions illégales faites sur des bons revêtus de sa signature, de l'exactitude de ses comptes, mais encore du bien-être des hommes qu'il commande.

Il a sous ses ordres, pour l'établissement de toutes les pièces comptables et la tenue de tous les registres de comptabilité, deux sous-officiers, un sergent-major et un fourrier.

Surveillance de l'Intendance.

L'administration du corps est placée d'une manière permanente, sous la surveillance des fonctionnaires de l'Intendance.

Le sous-intendant surveille tous les actes des conseils, les redresse au besoin; il les ramène par ses avis, par son autorité s'il est nécessaire, à l'observation exacte des dispositions réglementaires. Il peut assister aux séances des conseils, en provoquer la convocation toutes les fois qu'il le juge convenable; sa présence est alors mentionnée au procès-verbal et il le signe chaque fois que le procès-verbal constate une opération ou une communication faite par lui; il siége en face du président ayant à sa droite et à sa gauche le major et les officiers comptables.

Il vérifie et arrête les registres et les comptes de toute nature au moins chaque trimestre.

Chaque année, un intendant revoit tous les comptes de

l'année précédente et ceux de l'année courante ; il arrête la situation administrative du corps et la soumet à l'inspecteur général qui en approuve définitivement les résultats.

IMMATRICULATION.

Chacun des hommes liés à l'armée par les lois générales du pays, a, par ce fait même, outre son état civil, un véritable état militaire ; cet état crée pour chacun d'eux des droits nouveaux dont il importe de conserver la trace. Tel est le but de l'immatriculation.

On entend par là l'inscription des militaires sur des registres fondamentaux, destinés à préciser leur situation dans l'armée et à recevoir la mention de toutes les circonstances qui peuvent successivement la modifier.

Ces registres sont tenus par le trésorier dans chaque corps de troupes, on leur donne le nom de registres matricules. Ils sont distincts pour les officiers et pour la troupe.

Chaque homme de troupe, en arrivant au corps, reçoit un numéro de série qui est celui de la case qu'il occupe sur le registre matricule et qu'il conserve tant qu'il reste dans le corps, ou jusqu'à ce qu'il soit promu officier ; ce numéro porte le nom de numéro matricule.

On indique alors après le nom et les prénoms de l'homme, les détails de son état-civil, son signalement, le titre en vertu duquel il sert ; on y porte ensuite la relation successive de ses services, et lorsqu'il quitte le corps, les causes de sa radiation ou de son passage dans la réserve, la disponibilité, etc., ainsi que lieu où il se retire lorsqu'il rentre dans ses foyers et la mention de l'obtention ou du refus d'un certificat de bonne conduite.

Outre le registre matricule concernant les hommes, les corps tiennent encore des registres matricules concernant les chevaux d'officiers, les chevaux de troupe et mulets.

Ces registres sont destinés à recevoir, dans l'ordre des dates de l'arrivée au corps de tous les chevaux, l'inscription des numéros et noms invariables qui sont donnés aux animaux et celle de leur signalement.

La désignation de l'époque de leur réception et de la lettre distinctive ou du numéro des compagnies, escadrons ou batteries auxquels ils peuvent successivement appartenir; la cause et la date de leur perte pour le corps y sont également relatées. Le nom des officiers possesseurs ou détenteurs des chevaux est en outre porté sur le registre matricule, et, en ce qui concerne les chevaux appartenant à l'Etat, la date de la remise à l'officier et l'époque à laquelle ils font retour à l'Etat.

Enfin les corps dans l'organisation desquels il entre des voitures, tiennent encore un registre matricule des voitures.

SOLDE.

Avant de passer à l'étude de l'administration d'une compagnie, il est indispensable de connaître ce qu'on entend par solde et masses, et comment les fonds passent de la caisse du corps entre les mains des individus, comment ces fonds passent des caisses de l'Etat dans celles des corps, et quelle série de formalités est nécessaire pour cela.

L'Etat, en imposant aux militaires l'obligation de se dévouer entièrement à son service, leur enlève la possibilité de pourvoir eux-mêmes à leurs besoins; par suite, il a dû se substituer lui-même aux individus et leur fournir tout ce qui leur est nécessaire.

Il emploie pour cela des moyens différents, suivant les circonstances. En temps de paix, il ne fournit directement qu'une portion des objets nécessaires et laisse aux militaires eux-mêmes le soin de se procurer le surplus, en leur donnant des sommes d'argent proportionnées aux besoins reconnus.

Ainsi, en temps de paix, pour ne parler que des officiers, il leur laisse le soin de pourvoir à leur nourriture, à leur habillement, à leur armement, le plus souvent même à leur logement, tandis qu'il assure lui-même la nourriture de leurs chevaux; en temps de guerre, il leur fournit de plus le logement sous la tente et les vivres nécessaires à leur subsistance.

On voit, par cet exemple, que l'on pourrait appliquer à tous les cas particuliers qui se produisent, que le militaire reçoit toujours deux sortes de prestations, des prestations en nature et des prestations en deniers dont l'ensemble constitue ce qu'on appelle le traitement militaire, la solde n'étant autre chose que la portion de ce traitement qui est payée en deniers.

Il faut remarquer, d'ailleurs, que ces diverses allocations, soit en deniers, soit en nature, sont tellement inséparables que l'on justifie de leur exactitude par un même compte.

En dehors de la solde proprement dite, qui est divisée, pour les officiers en solde de présence et solde d'absence ou demi-solde, et qui ne comprend que la solde de présence pour les hommes de troupe; ces derniers ont droit, en raison de leur position, de leur situation et pour des cas particuliers bien prévus et définis, à diverses indemnités dont il sera question plus loin.

Entrée en solde; cessation des droits à la solde.

Le Réglement du 25 décembre 1837, sur le service de la solde, modifié par les décrets des 19 novembre 1874 et 25 décembre 1875, spécifie les époques de l'entrée en solde et celles de la cessation de la solde.

En principe, l'entrée de solde a lieu du jour constaté où le militaire prend possession de son emploi, et l'on considère comme tel le jour où il se met en route pour rejoindre sa nouvelle destination ou son nouveau corps, lorsqu'il doit quitter son ancienne résidence.

Les jeunes soldats appelés à l'activité entrent en solde du jour où, formés en détachement, ils sont mis en route pour rejoindre leur corps; cette solde, pendant la route, est fixée uniformément à 55 centimes, plus le pain.

Les jeunes soldats et les engagés entrent en solde du jour de leur incorporation s'ils n'ont pas eu droit à l'indemnité de route, sinon du lendemain de leur arrivée au corps.

Les droits à la solde cessent le lendemain du jour où le militaire a reçu l'ordre de quitter le service.

L'homme qui entre à l'hôpital cesse d'avoir droit à la solde le jour de son entrée, il recouvre ses droits le jour de sa sortie.

Celui qui part en permission cesse d'avoir droit à la solde le jour de son départ; il recouvre ses droits le lendemain de sa rentrée.

Celui qui s'absente illégalement cesse d'avoir droit à la

solde à compter du lendemain de sa disparition. Elle ne lui est point due quand il rentre pour le jour de son retour au corps.

Un titre ou une pièce régulière soumise au visa du sous-intendant doit constater l'entrée en solde ou la cessation des droits à la solde.

Tarif de la solde de la troupe.

Les décrets des 19 novembre 1874 et 25 décembre 1875 n'admettent plus pour les hommes de troupe que la solde de présence qui est pour l'infanterie celle indiquée par le tarif ci-après :

DÉSIGNATION DES GRADES.	SOLDE DE PRÉSENCE par jour (avec vivres de campagne, en station ou en marche, en corps ou en détachement, avec le pain et la viande seulement).	OBSERVATIONS.
Adjudant sous-officier..............		
Sous-chef de musique..............	2.57	
Chef armurier de 1re classe..........		
Chef armurier de 2e classe..........	1.52	
Tambour-major, chef de fanfare......	1.47	
Sergent-major....................	1.17	
Sergent et sergent-fourrier..........	0.87	
Caporal-fourrier..................		
Caporal-tambour ou clairon..........	0.67	
Caporal-sapeur....................		
Caporal..........................	0.42	
Sapeur, Tambour ou Clairon........	0.40	
Soldat 1re classe..................	0.30	
Soldat 2e classe..................		
Enfant de troupe à l'âge de 14 ans....	0.25	
Enfant de troupe avant 14 ans........	0.12	

Les sous-officiers et autres parties prenantes auxquelles le Ministre peut concéder la faculté de ne pas prendre part aux distributions de viande en nature, et qui usent de cette faculté, reçoivent en argent une indemnité représentative journalière de 26 centimes, en remplacement de la ration de 300 grammes de viande.

Il en est de même des troupes en marche qui ne perçoivent pas la viande en nature.

Les hommes de troupe ont droit, en outre, aux indemnités ci-après :

1º *Troupes en marche, en corps ou en détachement :*

	Par jour.
Adjudant	0.85
Sous-officier	0.25
Caporal, soldat et enfant de troupe	0.10

2º *Pour résidence dans Paris :*

Adjudant	0.75
Sous-officier	0.40
Caporal, soldat et enfant de troupe	0.07

3º *En rassemblement* [1] :

Adjudant	0.20
Sous-officiers	0.10
Caporal, soldat et enfant de troupe	0.05

---

(1) Lorsque des rassemblements extraordinaires de troupes ont lieu, il est accordé aux militaires qui en font partie un supplément de solde motivé par la cherté locale des vivres. — Cette allocation doit préalablement être autorisée par une décision du Chef de l'Etat.

4° *A l'occasion de la fête nationale :* Par jour.

Adjudant 1.50

Sous-officier. 0.70

Caporal, soldat et enfant de troupe. 0.30

Outre ces indemnités, les hommes de troupe ont droit à une haute paie pour ancienneté de service d'après les fixations ci-après.

Pour les sous-officiers :

0 fr. 30 par jour à partir du jour de leur rengagement et avant dix années de service.

0 fr. 50 par jour après dix années de service.

Pour les caporaux et soldats :

0 fr. 12 par jour à partir du jour de leur rengagement et avant dix années de service.

0 fr. 15 après dix années de service.

Ces allocations ne sont dues que pour les journées de présence seulement.

MASSES.

Outre ces accessoires de solde, il en est encore d'autres spéciaux aux corps de troupe et qui leur sont alloués pour subvenir à certaines dépenses auxquelles l'Etat juge plus simple de pourvoir par un abonnement, au lieu d'allocations de détail directes. On les appelle *Masses*.

On distingue quatre sortes de masses :

La masse individuelle ;

La masse générale d'entretien ;

La masse d'entretien du harnachement et ferrage ;

La masse des bâts et cantines.

Masse individuelle.

La masse individuelle est un abonnement, entre l'Etat et l'homme de troupe, au moyen duquel ce dernier est chargé de pourvoir lui-même à l'achat, à l'entretien et au renouvellement des effets de linge et chaussure qui lui sont nécessaires et à quelques autres menues dépenses.

Première mise de petit équipement.

Chaque soldat nouveau a droit, suivant l'arme à laquelle il appartient, à une première mise de petit équipement déterminée par un tarif spécial et fixée à 40 fr. pour l'infanterie. Cette allocation forme le premier fonds de la masse individuelle ; elle est destinée à subvenir à l'achat des effets de petit équipement dont les soldats nouveaux doivent être pourvus dès leur arrivée ; effets fournis par les magasins des corps et dont la nomenclature est fixée par des décisions ministérielles.

Sont considérés comme soldats nouveaux ayant droit à la première mise :

1º Les jeunes soldats appelés (1re portion du contingent);

2º Les engagés conditionnels d'un an et les engagés volontaires ;

3º Les hommes qui, après avoir été renvoyés dans la disponibilité de l'armée active, ont été autorisés à contracter un rengagement pour compléter leurs cinq années de service ;

4º Les rengagés venant de la réserve ;

5º Les déserteurs amnistiés rayés des contrôles ;

6° Les hommes rentrant des prisons de l'ennemi ;

7° Les hommes sortant des équipages de ligne de la marine ;

8° Les hommes rappelés en temps de guerre.

L'homme de recrue qui, en arrivant au corps, paraît susceptible de réforme, ne doit recevoir aucune allocation à titre de première mise de petit équipement, jusqu'à ce qu'il ait été statué sur sa position.

Si, ensuite, il est jugé propre au service, la première mise réglementaire lui est allouée selon l'arme dans laquelle il doit continuer à servir.

Lorsqu'un homme auquel la première mise a été allouée est ultérieurement réformé pour des causes déjà existantes, mais inconnues lors de son incorporation, il est fait reprise de la totalité de son avoir à la masse au profit du Trésor.

Cette disposition est applicable à l'engagé volontaire renvoyé dans ses foyers par suite de l'annulation de son acte d'engagement.

Les enfants de troupe ont droit à la première mise lorsque, ayant atteint l'âge de 14 ans, ils font le service de tambour, clairon ou musicien ou sont employés dans les bureaux des officiers comptables ou dans les ateliers du corps, mais elle ne leur est pas allouée de nouveau à l'âge de 18 ans s'ils contractent un engagement volontaire.

S'ils se refusent ou s'ils ne sont pas admis à contracter un engagement, la totalité de leur avoir à la masse est reprise au profit du Trésor.

Les hommes passant de la cavalerie dans l'infanterie ou d'un service à pied à un service à cheval reçoivent un supplément de 1re mise fixé à 10 fr. dans le premier cas et à 40 fr. pour le second.

N'ont pas droit à une nouvelle 1ʳᵉ mise de petit équipement, lorsqu'ils sont renvoyés dans un corps pour y compléter le service auquel ils sont tenus par la loi :

1° Les hommes qui, après avoir été mis en prévention de désertion, sont absous par jugement ou ont été l'objet d'un refus d'information de la part du général commandant le corps d'armée ;

2° Ceux qui sortent des ateliers de condamnés aux travaux publics et généralement tous ceux qui ont subi, par suite d'un jugement, une peine correctionnelle n'entraînant pas la radiation des contrôles.

La 1ʳᵉ mise n'est pas due non plus à l'homme de recrue nouvellement incorporé qui aurait été rayé des contrôles par suite d'une éventualité quelconque, avant d'avoir reçu des effets de petit équipement.

Dans le cas où l'homme de recrue entre à l'hôpital sans avoir été équipé, l'allocation de la 1ʳᵉ mise n'a lieu qu'à son retour au corps.

Prime journalière d'entretien.

La masse individuelle est alimentée au moyen d'une prime journalière d'entretien allouée aux sous-officiers, caporaux et soldats ainsi qu'aux enfants de troupe âgés de 14 ans, pour toutes les journées de présence soit dans leurs corps, soit en subsistance dans d'autres corps.

Cette prime est fixée à 0 fr. 12 pour l'infanterie. Un supplément de 0 fr. 05 à cette prime est également dû aux militaires en campagne et en Algérie.

Un prélèvement de cinq centimes par jour est opéré sur

la solde des tambours et clairons dans les corps où cette solde excède de dix centimes au moins celle des soldats de première classe.

Le produit de ce prélèvement est versé à la masse des militaires en question qui est alors chargée de pourvoir aux frais d'entretien des caisses, baguettes et instruments.

Les jeunes soldats appelés, les engagés volontaires, les hommes venant à quelque titre que ce soit, de la disponibilité de l'armée active ou de la réserve, n'ont droit à la prime journalière d'entretien de la masse individuelle qu'à dater du lendemain de leur arrivée au corps, lorsque pour rejoindre ce corps ils ont voyagé, soit en détachement avec la solde spéciale attribuée aux recrues, soit isolément avec l'indemnité de route. Quand ils rejoignent leurs corps sans avoir droit à aucune des prestations qui viennent d'être mentionnées, la prime journalière d'entretien de la masse individuelle leur est allouée à partir du jour de leur arrivée, comme la solde.

Les hommes rayés des contrôles de l'armée active cessent d'avoir droit à la prime journalière d'entretien de la masse individuelle à compter du jour de leur départ du corps, lors même que, pour rentrer dans leurs foyers, ils sont formés en détachement, soit à l'armée, soit à l'intérieur.

Le droit à la prime se perd dans les mêmes circonstances que le droit à la solde.

Avoir à la masse des hommes rayés des contrôles de l'armée active.

Les hommes qui sont rayés des contrôles de l'armée active pour passer dans la disponibilité ou dans la réserve de cette armée, ou dans l'armée territoriale avant d'avoir accompli *effectivement* cinq années de service, subissent sur le décompte de leur masse individuelle et déduction faite du montant des imputations qui incombent à cette masse, une retenue dont le montant doit s'élever à 12 fr. pour l'infanterie, toutes les fois que cette masse en offre les moyens. En cas d'insuffisance, la totalité de l'avoir à la masse est retenue (1).

Ce qui reste à la masse, après que la retenue prescrite a été exercée, est payé au titulaire par le capitaine qui l'a d'abord reçue du trésorier au moyen d'une quittance placée au bas d'un extrait du livret matricule, constatant la situation de la masse de l'homme.

L'avoir à la masse des hommes ayant accompli au moins cinq années de service, leur est payé dans les mêmes formes et conditions sans déduction autre que celle du montant des imputations qui incombent à cette masse.

L'avoir à la masse des hommes morts est versé à la masse générale d'entretien.

Hommes de la 2ᵉ portion et réservistes.

Les hommes de la 2ᵉ portion du contingent et ceux appelés à prendre part aux exercices et manœuvres prescrits par les art. 25, 42 et 43 de la loi du 27 juillet 1872, sur le recrutement de l'armée, sont pourvus d'effets de

---

(1) On entend par service effectif le temps passé réellement sous les drapeaux, depuis la date de l'incorporation jusqu'au jour du départ.

petit équipement au moyen d'allocations spéciales fixées par le ministre de la guerre, en raison du service auquel ces hommes sont tenus.

Indemnité pour 1re mise d'équipement.

Il est attribué aussi une indemnité pour première mise d'équipement aux sous-officiers promus adjudants et aux militaires passant sous-chefs de musique et chefs armuriers.

Cette indemnité est fixée pour les adjudants et sous-chefs de musique à 150 fr., et pour les chefs armuriers à 170 fr.

Les militaires de cette catégorie n'ont pas droit à la prime journalière d'entretien de la masse individuelle ni au supplément de cette prime en campagne et en Algérie.

Excédant de masse.

Le complet de la masse des hommes pour l'infanterie est de 35 fr. L'excédant de ce complet réglementaire, constaté par la feuille de décompte dont il sera question plus loin, est payé trimestriellement, aussitôt la vérification de cette feuille par le major, aux capitaines pour les hommes qui sont alors présents, quelles que soient les imputations dont ils peuvent être devenus passibles depuis le premier jour du trimestre.

Ce paiement est effectué au moyen d'états d'excédants de masse nominatifs. On doit porter pour chaque homme l'excédant en chiffres ronds de 5 et 10 centimes et négliger les autres centimes, qui restent alors au compte de l'homme avec ses 35 fr.

Les capitaines distribuent ensuite aux hommes les sommes touchées pour eux et les inscrivent à leurs comptes courants.

Masse générale d'entretien.

La masse générale d'entretien, qui est un abonnement entre le corps et l'Etat pour l'exécution de certaines dépenses auxquelles il n'est point pourvu par des allocations de détail directes, se divise en deux portions :

La première portion, destinée à l'entretien de la musique, pourvoit à l'achat et à l'entretien des instruments, aux primes accordées aux musiciens, à l'achat des cahiers, partitions et papiers de musique.

La deuxième portion pourvoit à une foule de dépenses dont les principales sont :

1° L'entretien de la coiffure, de l'habillement et du grand équipement ;

2° L'habillement et le petit équipement des enfants de troupe au-dessous de quatorze ans ;

3° L'éclairage des escaliers et corridors des casernes et de l'infirmerie ;

4° Les frais divers de magasin ;

5° Les dépenses diverses et accidentelles telles qu'achat de caisses de conseil, de coton pour marquer le linge des hommes, de l'*Annuaire militaire*, reliure du *Journal militaire*, etc.

Chaque régiment d'infanterie perçoit annuellement pour ces masses, savoir :

7,000 francs pour la première portion,

5,600 francs pour la deuxième portion.

Autres masses.

La masse d'entretien du harnachement et ferrage spéciale aux corps de troupe dans l'organisation desquels il entre des chevaux, pourvoit à de nombreuses dépenses analogues à celles qui incombent à la masse d'entretien.

La masse d'entretien des bâts et cantines, spéciale aux troupes en campagne, est affectée à l'entretien des équipages régimentaires.

Moyens employés par le corps pour toucher des fonds des caisses de l'État.

La solde des officiers des corps de troupe est payée par mois et à terme échu. Il en est de même des masses.

La solde de la troupe, y compris les accessoires, est payée au corps par quinzaine et d'avance en temps de paix ; aux armées et toutes les fois que les troupes reçoivent les vivres de campagne, le paiement n'est fait qu'à terme échu, à moins que la situation de la caisse du corps ne lui permette pas de faire l'avance du prêt.

Aux époques prescrites, les conseils d'administration, ou, s'il s'agit de détachements, les commandants de ces détachements, établissent et présentent à la vérification et à l'ordonnancement du sous-intendant, des états de paiement distincts pour les officiers et pour la troupe.

Ces états de paiement sont en double expédition : l'une sur papier blanc, porte le nom de quittance ; elle est destinée à justifier le paiement fait par le payeur ; l'autre, sur papier bleu, porte le nom de déclaration de quittance ;

elle sera envoyée au sous-intendant par le payeur pour servir de pièce d'imputation dans le compte du corps avec l'Etat.

Quelquefois même, il est établi une 3e expédition des états de solde, lorsqu'un paiement est fait à un militaire isolé ou à un détachement autorisé à toucher la solde dans le lieu de sa résidence ; cette 3e expédition, appelée ampliation, est établie sur papier bleu, en même temps que les deux autres, et adressée comme avis au sous-intendant militaire chargé de la surveillance administrative du dépôt, qui en donne connaissance au corps.

Les états de paiement pour les officiers sont nominatifs et font connaître les mutations de chacun d'eux ; on en déduit, par grade, le nombre de journées de toute nature qui en résulte, la récapitulation et le décompte de ces journées font connaître l'ensemble des sommes revenant aux officiers du corps ; on ajoute à ce total le montant des indemnités et gratifications payables à terme échu, ainsi que celui des masses.

Le total de ces sommes est alors arrêté. On voit que l'état de paiement des officiers comporte, outre ce qui revient aux officiers, toutes les allocations qui sont perçues au corps à terme échu.

Les états de paiement pour la troupe sont numériques, et indiquent par grade, l'effectif présent, le nombre de journées de solde, la solde journalière et le décompte en deniers ; on inscrit à la suite les augmentations ou diminutions résultant des mutations survenues pendant la dernière quinzaine.

Après vérification, le sous-intendant inscrit son mandat

d'ordonnancement sur les états de paiement et les remet ainsi complétés au corps; le payeur en délivrera alors le montant au trésorier contre l'acquit du conseil d'administration ou celui du commandant du détachement. Les sommes ainsi perçues sont inscrites par le payeur lui-même sur le livret de solde que possède tout corps ou toute portion de corps s'administrant séparément. Ce livret indique les noms et grades des comptables autorisés à recevoir des fonds des caisses du Trésor.

Tous les fonds provenant d'ordonnancements et dont le conseil a donné quittance, doivent être immédiatement versés par le trésorier dans la caisse du conseil. Si ce comptable ne reparaît pas dans les 24 heures, le président est tenu sous sa responsabilité d'en donner avis par écrit au sous-intendant militaire; le conseil est immédiatement convoqué et ampliation de sa délibération est adressée au sous-intendant militaire.

Fonds remis par le corps au trésorier.

Après justification de l'emploi des fonds que le trésorier a précédemment reçus et sur la déduction de la somme restant entre ses mains, le conseil remet à ce comptable les fonds nécessaires pour les besoins de son service courant.

Au moyen des fonds mis à la disposition du trésorier, celui-ci acquite toutes les dépenses du corps.

Prestations en nature.

Le traitement militaire est complété par l'allocation de prestations en nature, qui varient suivant l'état de paix et l'état de guerre.

En temps de paix, les officiers ne reçoivent que la solde et quelquefois le logement. L'homme de troupe reçoit le logement, l'habillement, le chauffage, le pain de repas et la viande pour chaque journée de présence ; il pourvoit au moyen de sa solde à l'achat des autres vivres et à d'autres menues dépenses.

En temps de guerre les prestations de toutes sortes sont allouées en nature aux soldats. L'officier reçoit alors, outre sa solde :

> Le pain et les vivres de campagne,
> Le chauffage,
> Et le logement.

Le nombre de rations du service des subsistances est fixé pour chaque grade par des tarifs spéciaux.

L'homme de troupe reçoit absolument tout ce qui lui est nécessaire.

Subsistances.

Le service des subsistances militaires a pour but d'assurer, dans toutes les circonstances possibles de paix ou de guerre, l'alimentation des hommes et des chevaux ; la fourniture du combustible pour la cuisson des aliments et le chauffage des troupes s'y rattache naturellement.

En temps de paix, le service se réduit généralement à la fourniture aux troupes, du pain de table, de la viande fraîche, des fourrages et du chauffage ; les hommes de troupe se procurent le surplus des aliments au moyen de la portion de leur solde que l'on appelle *fonds de l'ordinaire;* les sous-officiers vivent en commun à des tables spéciales, dans des cantines, toujours surveillées par l'autorité militaire, auxquelles ils fournissent le pain, la viande et le chauffage alloués par l'Etat et auxquelles ils paient une pension, dont le prix est fixé par le chef de corps. Les officiers ne reçoivent aucuns vivres de l'Etat et sont astreints, jusqu'au grade de capitaine inclusivement, à prendre leur repas en commun dans des pensions qu'ils choisissent à leur gré et où ils se réunissent par grades.

Sur le pied de rassemblement dans les camps d'instruction et chaque fois que le Ministre l'autorise, l'administration fournit gratuitement aux troupes certaines denrées supplémentaires telles que sucre, café et liquides.

La haute direction du service appartient au Ministre en temps de paix ; au général en chef, en temps de guerre, pour son armée. L'un et l'autre la délèguent, en ce qui concerne les détails, aux fonctionnaires de l'intendance placés sous leurs ordres.

La gestion est exercée soit par des officiers comptables, soit par des entrepreneurs.

Toutes les denrées destinées à la nourriture des hommes et des animaux sont disposées et distribuées en rations dont la composition et le poids sont tarifés en raison des besoins auxquels elles doivent satisfaire.

Distributions.

Les jours et heures des distributions sont fixés par le commandant de place, de concert avec le sous-intendant militaire ; le tour des corps de troupes entre eux est déterminé de la même manière. Ces dispositions sont mises à l'ordre de la place et affichées dans les magasins.

Les corvées sont conduites aux distributions par les capitaines de distributions de chaque corps qui entrent seuls dans les maga-ins; les sous-officiers restent au dehors pour le maintien de l'ordre parmi les hommes de corvée.

Le capitaine examine les denrées préparées pour la distribution, en requiert la pesée et consigne ses observations, soit au point de vue du poids, soit au point de vue de la qualité, sur un registre tenu dans chaque magasin et qui porte le nom de registre de visite.

Si l'avis est favorable, la distribution a lieu aussitôt, se continue sans désemparer et le comptable reçoit en échange un bon de distribution établi et signé par le trésorier ou le chef de détachement, d'après les situations signées pas les commandants de compagnie.

Dans le cas où les denrées, jugées d'ailleurs de bonne qualité, n'auraient pas le poids réglementaire, la distribution ne serait pas arrêtée pour cela ; les excédants de poids profiteraient à la troupe, les manquants devraient être complétés par l'addition des quantités nécessaires,

Si le capitaine juge la denrée non recevable, il en rend compte sur-le-champ au major, qui prévient le sous-intendant militaire ; la distribution est provisoirement suspendue. Le sous-intendant convoque alors la commission de vérification, et, après avoir recueilli les avis individuels, prononce suivant sa conviction personnelle et son jugement doit être immédiatement exécuté. Si le produit est jugé bon, la distribution a lieu, sinon il est remis aux Domaines et vendu aux risques et périls du comptable qui doit remplacer les denrées par d'autres de meilleure qualité.

Aucune denrée reçue en distribution par la troupe et

sortie des magasins ne peut y être rapportée pour être échangée, aucune plainte ne peut plus être admise, tant sous le rapport de la qualité que sous celui de la pesée ou du mesurage des denrées.

CHAUFFAGE. — Cuisson des aliments.

Les troupes casernées reçoivent, pour faire cuire leurs aliments, des fourneaux économiques de divers modèles, à une ou deux marmites accouplées ; on leur donne alors des rations collectives de combustible fixées par des tarifs pour chaque nature de fourneaux et séparément pour le bois ou pour le charbon. Lorsque la fourniture est faite en charbon de terre, on donne en outre deux fagots d'allumage par ration.

Les marmites sont de diverses contenances, et généralement de 75 à 100 litres.

Or, on admet que pour la cuisson des aliments, une contenance d'un litre correspond aux besoins d'un homme ; le nombre d'hommes auquel une marmite peut suffire est donc égal au nombre de litres de liquide qu'elle peut contenir ; voilà une première base qui devra servir pour la détermination du nombre de fourneaux à délivrer à un corps de troupe. Mais, d'autre part, on doit autant que possible s'arranger de manière que les ordinaires restent distincts par compagnies. On voit donc que le nombre de marmites à allouer à un corps occupant un même casernement doit être réglé, non sur l'effectif total, mais de manière à concilier la séparation des ordinaires avec la contenance des marmites.

A l'arrivée d'un corps dans un casernement, un procès-verbal de remise, signé par le sous-intendant militaire, le commandant du génie et l'officier de casernement, est établi pour constater le nombre et la nature des fourneaux délivrés; ce sera le titre constatant les droits du corps aux rations collectives de chauffage pour la cuisson des aliments.

Au départ, la constatation de la remise des fourneaux en bon état est faite par un nouveau procès-verbal de reprise, dressé de la même manière.

Lorsque, pendant la durée de l'occupation, des variations d'effectif se produisent, les remises de fourneaux supplémentaires ou les reprises de fourneaux devenus inutiles sont constatées par des procès-verbaux dressés dans la même forme.

Les sous-officiers et autres parties prenantes considérées comme tels, ne vivant pas à l'ordinaire, reçoivent des rations individuelles de chauffage fixées par des tarifs. Ces rations n'appartiennent pas séparément aux individus ou à leur compagnie, mais en commun aux corps; les chefs de corps en règlent la répartition entre les cantines, suivant le nombre et la force des tables.

Lorsque les troupes casernées ne sont pas pourvues de fourneaux économiques, lorsqu'elles sont campées, baraquées ou cantonnées, elles reçoivent des rations individuelles fixées par les tarifs.

Chauffage des chambres.

Le chauffage des chambres n'est que temporaire; sa durée varie suivant les conditions climatériques. A cet effet, la France est divisée en trois régions :

La région froide, où le chauffage dure 5 mois, du 1er novembre au 31 mars;

La région tempérée, où le chauffage dure 4 mois, du 16 novembre au 15 mars;

La région chaude, où le chauffage dure 3 mois, du 1er décembre au dernier jour de février inclus.

On a de même divisé l'Algérie en trois régions :

La région haute, où le chauffage dure 60 jours;

La région moyenne, où le chauffage dure 40 jours;

La région basse, où aucun chauffage n'est alloué.

Les troupes campées et baraquées reçoivent le chauffage un mois plus tôt, et le continuent un mois plus tard que les troupes casernées.

Le but de ces allocations n'est pas d'entretenir des feux dans toutes les chambres, de manière à permettre aux soldats de rester enfermés dans des locaux continuellement bien chauffés; ce serait faire contracter aux hommes des habitudes tout à fait opposées à l'esprit et aux exigences de la vie militaire. Ces allocations sont seulement destinées à entretenir du feu dans quelques pièces, où, dans les temps froids et pluvieux, les hommes qui rentrent de service ou de corvée puissent se sécher et se chauffer.

Les rations distribuées dans ce but aux troupes casernées sont collectives, et reçoivent le nom de rations de compagnies; leur quotité varie suivant les régions et suivant la nature du combustible alloué, bois ou charbon de terre. Lorsque le chauffage est alloué en charbon de terre, il est alloué en outre trois fagots d'allumage par ration.

Les tarifs fixent pour les corps d'organisation différente des droits différents; ils déterminent les allocations à faire aux infirmeries, aux écoles régimentaires, aux enfants de troupe, etc.

Les chambres sont munies de poêles par les soins du service du génie. Il est reconnu qu'une ration de chambre peut chauffer trois poêles, dont un destiné aux sous-offi- ciers comptables. Cette indication n'est pas donnée comme règle, puisque les chefs de corps restent maîtres de la ré- partition intérieure du chauffage, mais elle peut souvent guider dans cette répartition.

Il est, dans la saison d'hiver, des jours où l'on peut, sinon se passer de feu, du moins en faire fort peu ; les chefs de corps doivent alors faire mettre en réserve, pour les temps plus durs, le combustible qui n'a point été consommé. Cette disposition est de rigueur ; son exécution est confiée aux commandants de compagnies, sous la surveillance du major.

Les troupes campées, baraquées ou bivouaquées reçoi- vent des rations individuelles fixées par des tarifs.

Les chefs de corps peuvent prescrire des prélèvements sur les rations collectives de l'ordinaire ou des chambres pour les besoins de l'infirmerie régimentaire, ou pour les ménages nécessiteux. Les prélèvements sur l'ordinaire ne peuvent pas dépasser 1 kilogramme de charbon ou 2 kilo- grammes de bois par ration collective.

ADMINISTRATION DES COMPAGNIES.

On a vu comment les conseils d'administration perçoi- vent les prestations de toute nature dues aux corps de troupes, unité administrative principale. La compagnie est l'unité secondaire, recevant de l'unité principale toutes les allocations qui lui reviennent et en faisant emploi d'après les règles définies. Il est nécessaire d'examiner comment ces unités secondaires procèdent pour assurer, aux individus qui la composent, la perception et l'emploi de toutes les parties de leur traitement militaire et pour en justifier.

Le capitaine est l'administrateur de sa compagnie, il doit prendre les intérêts des hommes qu'il commande comme un bon père de famille le ferait pour ses enfants mineurs ; il est le représentant de leurs droits et leur assure la perception et l'usage de toutes les prestations destinées à satisfaire à leurs besoins ; il reçoit pour cela du conseil d'administration les deniers et matières et en devient responsable, il en assure la répartition légitime entre les individus.

Il résulte de là qu'il est personnellement responsable des deniers et des prestations de toute nature dont il a donné reçu jusqu'à ce qu'il ait justifié de leur emploi, des trop-perçus provenant d'erreurs de sa part dans l'établissement des pièces de dépense, des retenues qu'il aurait négligé d'opérer en temps utile et des retenues illégales qu'il aurait prescrites ou tolérées.

Le capitaine est aidé dans sa mission par les officiers de sa compagnie et par les sous-officiers comptables, sergent-major et fourrier. L'ordonnance du 2 novembre 1833 sur le service intérieur détermine les attributions de tout ce personnel.

Toutes les écritures de la compagnie sont tenues par le sergent-major, sous la responsabilité du capitaine, qui doit vérifier soigneusement les pièces soumises à sa signature par ce comptable et toujours écrire de sa propre main et en toutes lettres les quantités totales dans chaque récépissé qu'il est appelé à donner.

Mutations.

Pour constater les droits à la solde et aux prestations en nature, on l'a déjà dit, une pièce authentique, revêtue du visa du sous-intendant, est nécessaire; cette pièce sert à établir la position ou le mouvement du militaire et cette position ou ce mouvement s'appelle *mutation*.

Sur la première garde de la couverture du registre de comptabilité trimestrielle se trouvent les formules à employer pour libeller ces mutations.

Contrôles.

Dans les corps de troupes, le major tient les *contrôles* destinés à recevoir l'inscription de toutes les circonstances qui peuvent influer sur la composition du traitement militaire, c'est-à-dire de toutes les mutations.

Ils sont renouvelés tous les trimestres et pour cette raison portent le nom de contrôles trimestriels.

De son côté, le sous-intendant militaire tient un autre contrôle semblable à celui du major, afin de pouvoir contrôler les inscriptions faites sur celui du corps.

Tous les militaires comptant à l'effectif sont inscrits sur ces contrôles.

Il en est établi un pour chaque compagnie.

Les cases de chaque contrôle sont numérotées depuis la

première jusqu'à la dernière, excepté celles qui sont destinées aux officiers.

Le premier jour du trimestre, les militaires sont inscrits au contrôle dans l'ordre où ils étaient portés sur le contrôle précédent. Le dernier mouvement de tout individu alors absent du corps est rappelé dans la colonne des mutations.

Il est laissé à la suite de chaque grade, classe ou emploi, un nombre de cases en blanc égal à celui des hommes formant le complet de chaque grade, classe ou emploi.

Les militaires qui surviennent pendant le cours du trimestre sont inscrits à la suite des hommes de même grade, classe ou emploi. Si le nombre de cases en blanc devient insuffisant, les militaires nouvellement arrivés sont portés à la fin du contrôle, sous le numéro de la dernière case de leur grade, classe ou emploi.

Ce même numéro étant affecté à tous les nouveaux arrivants du même grade est distingué pour chacun d'eux par les lettres A, B, C, etc.

Un nota mis à l'article du nom du militaire qui occupe la dernière case, indique le numéro du feuillet sur lequel les hommes de même grade, classe ou emploi ont été portés.

Tout officier désigné pour faire partie d'un corps de troupe doit, aussitôt que l'avis de sa nomination est parvenu à ce corps, être inscrit sur le contrôle et indiqué pour mémoire comme non arrivé, jusqu'à ce qu'il ait rejoint.

Les mutations sont mentionnées dans la colonne à ce destinée.

Dans tous les cas d'absence, on indique toujours le lieu

où le militaire s'est rendu ou celui sur lequel il a été dirigé. Cette indication n'est pas reproduite sur la feuille de journées.

Si dans le cours du trimestre, le militaire n'a pas éprouvé de mutations, on inscrit à son article, à la fin du trimestre, les initiales S. M.

Lorsque la compagnie change de destination, l'indication du mouvement est portée en tête du contrôle. Il n'en est pas fait mention à l'article de chaque homme.

L'homme qui cesse d'appartenir à une compagnie est immédiatement rayé du contrôle. La radiation s'opère par un léger trait oblique tiré dans la case des noms.

Lorsqu'un militaire passe, dans le même corps, d'une compagnie à une autre, le contrôle de la compagnie qu'il a quittée indique le numéro de la case qu'il doit occuper dans sa nouvelle compagnie, et le contrôle de cette dernière compagnie rappelle le numéro de la case qu'il occupait dans l'ancienne.

Le militaire qui avance en grade ou qui passe à une classe supérieure sans changer de compagnie est rayé de la case qu'il occupait et inscrit à la suite des hommes de son nouveau grade ou de sa nouvelle classe. On opère de même pour les hommes qui descendent à un grade ou à une classe inférieurs.

Les militaires absents de leur corps ou prévenus de désertion sont rayés des contrôles lorsqu'il résulte d'un jugement, d'une décision ou d'un fait constaté qu'ils n'appartiennent plus au corps, ou bien lorsque leur absence s'est prolongée au-delà de six mois sans qu'on ait pu découvrir ce qu'ils sont devenus.

Ceux de ces militaires qui sont réadmis à leur corps sont inscrits sur les contrôles comme hommes nouveaux.

Les hommes faits prisonniers de guerre sont rayés des contrôles à compter du jour où ils sont tombés au pouvoir de l'ennemi.

Dans tous les cas d'absence, la situation de la masse individuelle de chaque homme est portée sur le contrôle à la suite de la mutation.

Situation journalière.

L'art. 195 de l'ordonnance du 2 novembre 1833, sur le service intérieur, prescrit l'établissement, par les capitaines commandants, de la situation journalière et du rapport des 24 heures, conformément au modèle I annexé à cette ordonnance.

Une circulaire du 25 mars 1875 a adopté un nouveau modèle de cette situation.

Cette pièce est la base de toute la comptabilité des compagnies, elle est divisée en deux parties.

La première comprend au recto l'effectif détaillé par grade de la compagnie, au verso les punitions infligées et les demandes faites par les capitaines.

La deuxième est destinée à l'inscription de toutes les mutations survenues pendant les 24 heures et relate l'effectif général.

Ces situations et rapports, préparés par les sergents-majors, sont remis, après avoir été vérifiés et signés par les capitaines, à l'adjudant de semaine qui établit, à l'aide de ces documents, soit le rapport du bataillon, soit le rapport général du régiment.

Les rapports des 24 heures sont ensuite portés au major par le fourrier de semaine.

Cet officier supérieur, aussitôt après avoir reçu les rapports des 24 heures et les pièces à l'appui, vérifie les mutations et transmet ces documents au trésorier pour permettre à cet officier de faire les inscriptions nécessaires sur le registre d'effectif du corps.

Les inscriptions terminées, le trésorier détache, de chacun des rapports des 24 heures, la partie contenant les mutations et l'envoie au major, qui, après avoir mis ses contrôles à jour à l'aide de ces situations, les vise et les transmet au sous-intendant militaire.

La première partie de la situation, toute spéciale au commandement, puisqu'elle indique la situation détaillée des hommes et des chevaux, les punitions et les demandes faites au rapport, est envoyée par le major au trésorier pour être conservée aux archives du corps.

La deuxième partie, adressée au sous-intendant militaire, pour permettre à ce fonctionnaire de tenir ses contrôles au courant, doit être conservée et classée par lui avec soin par mois et par date.

Feuille de prêt.

Au moyen de la situation journalière, les capitaines établissent, les 1er, 6, 11, 16, 21 et 26 de chaque mois, leurs feuilles de prêt, destinées à toucher, à terme échu, chez le trésorier, la solde, les indemnités et les hautes-paies des hommes de leur compagnie; ces feuilles ont pour base l'effectif des hommes présents au jour de leur établissement et la durée du prêt ; on y porte en outre les augmentations et diminutions résultant des mutations survenues depuis l'établissement de la feuille de prêt précédente, et l'on arrête ainsi le montant total.

Une partie du prêt est destinée à satisfaire aux dépenses de nourriture des hommes, c'est-à-dire *à l'ordinaire ;* le reste est remis aux hommes de troupe, sous le nom de *centimes de poche ;* ces sommes, qui comprennent les hautes-paies, sont payées le jour du prêt, en présence de l'officier chargé de la direction de l'ordinaire, par le sergent-major aux chefs d'escouades, et par ceux-ci aux soldats, à l'exception de celles qui reviennent aux hommes irrégulièrement absents le dernier jour du prêt, lesquelles sont versées à l'ordinaire ; il en est de même des centimes de poche des hommes punis de prison ou de cellule de correction, pour toutes les journées passées par eux dans cette position.

Bons de vivres.

Les situations journalières servent également à l'établissement des situations d'effectif, certifiées par les capitaines, faisant connaître les rations de toute nature qu'ils ont à percevoir pour la subsistance des hommes composant leur compagnie.

Ces situations, remises au trésorier, servent à l'établissement, par ce comptable, des bons de vivres, dont la distribution a lieu ensuite, ainsi qu'il a été déjà expliqué. Ces bons sont visés par le major et doivent être présentés également au visa du sous-intendant militaire, qui les enregistre et les signe. Cette signature est, pour le comptable, ou pour l'entrepreneur, un ordre de distribution sans lequel il ne doit jamais rien délivrer aux parties prenantes.

En station sur le pied de paix et en marche en corps ou en détachement, ces bons comprennent ordinairement une ration de pain ou biscuit et une ration de viande.

Sur le pied de guerre, les bons comprennent en outre les vivres de campagne, composés de légumes et sel, sucre et café et vin.

Registres de compagnie.

Le décret du 7 août 1875, portant modification de l'ordonnance du 10 mai 1844, a apporté des changements considérables dans la comptabilité et dans les écritures et a prescrit la tenue dans chaque corps ou portion de corps, par les soins des capitaines, pour l'administration particulière de leur compagnie :

1º D'un livret matricule pour chacun des officiers ;

2º D'un livret matricule pour chacun des hommes de la compagnie, indiquant les effets et armes en service dont l'homme est détenteur ;

3º D'un livret matricule pour chacun des chevaux avec indication des effets de harnachement qui lui sont affectés ;

4º D'un registre de comptabilité trimestrielle.

Livret matricule.

Les livrets matricules des officiers sont établis par le trésorier du corps au moment de l'arrivée des nouveaux officiers, venant des écoles ou des sous-officiers, d'après les renseignements concernant l'état civil et les services antérieurs desdits officiers, déjà inscrits sur la matricule des officiers du corps.

Ces livrets sont soumis au visa du major et remis par lui au capitaine commandant la compagnie, dont font partie les officiers que les livrets concernent.

A compter de ce moment, les livrets matricules sont tenus sous la surveillance du conseil d'administration, par le capitaine commandant, qui y inscrit successivement les mouvements et mutations qui modifient la position de l'officier, les grades, titres et décorations, blessures, actions d'éclat, campagnes, causes de radiation anticipée ainsi que les dates y relatives.

Le capitaine commandant mentionne le trimestre, l'année, le bataillon, la compagnie et successivement les mouvements et mutations qui modifient la position de l'officier.

Ces mutations sont inscrites le jour même où s'accomplit le mouvement qu'elles relatent. Il n'est laissé ni lignes blanches, ni lacunes entre les mutations.

Les livrets matricules des officiers supérieurs et ceux des autres officiers qui ne comptent pas dans les compagnies sont tenus, d'après les mêmes règles, par le trésorier, l'officier payeur ou l'officier commandant.

Lorsque l'officier quitte le corps, l'exactitude de l'inscription des mutations est certifiée par le major.

Les livrets matricules des officiers sont individuels et mobiles; ils sont réunis à ceux des hommes de troupe de la compagnie dans un casier. Ceux tenus par le trésorier sont conservés par cet officier.

Les livrets matricules des officiers les suivent dans toutes leurs positions et sont adressés à leurs chefs directs. Ceux des officiers mis en non-activité sont entre les mains du sous-intendant chargé de l'ordonnancement de la solde. Ceux des officiers retraités, réformés ou décédés, sont conservés par le corps et renvoyés au ministère de la guerre au bout de trois ans.

Les livrets matricules des hommes de troupe sont ouverts par les commandants du bureau de recrutement pour tout homme inscrit sur le registre matricule dont la tenue est prescrite par l'art. 33 de la loi du 27 juillet 1872.

Les livrets matricules des hommes contractant un engagement volontaire, avant d'avoir été portés sur ce registre matricule, sont également établis par le commandant du bureau de recrutement de la circonscription dans laquelle l'acte a été souscrit.

Les commandants des bureaux de recrutement mentionnent sur ces livrets matricules : l'état civil de l'homme, son signalement, le titre sous lequel il est lié au service (jeune soldat, engagé volontaire, engagé conditionnel d'un an), et les changements qui surviennent dans la situation militaire de l'homme jusqu'au jour où il est mis en route pour rejoindre le corps auquel il est affecté.

Le jour où des engagés volontaires, des engagés conditionnels ou des jeunes soldats sont dirigés sur un corps de troupe, leurs livrets matricules sont adressés audit corps, de façon qu'ils y arrivent au moins en même temps que l'homme. Ils sont accompagnés d'un bordereau nominatif qui est renvoyé au commandant du bureau de recrutement revêtu du récépissé du chef de corps, aussitôt l'arrivée au corps de tous les hommes qui y sont désignés.

Si, un mois après le jour fixé par l'ordre de route pour l'arrivée du jeune soldat à sa destination, celui-ci n'a point paru au corps auquel il est affecté, le chef de corps renvoie le livret matricule au commandant du bureau de recrutement et certifie sur le bordereau nominatif que l'homme n'a point rejoint sa destination dans le délai sus-indiqué et que le corps n'a point été informé que la cause du retard provient d'un cas de force majeure.

A partir du jour de l'arrivée du militaire à son corps, le livret est tenu, sous la surveillance du conseil d'administration, par le commandant de la compagnie, qui y porte la date de l'arrivée au corps, le numéro sous lequel l'homme a été inscrit au registre matricule : les services, positions diverses, grades, campagnes, blessures, actions d'éclat, décorations et les dates y relatives : les déductions à faire sur la durée des services par suite de condamnations ; les causes accidentelles de radiation anticipée ; les dates de passage dans la disponibilité ou dans la réserve de l'armée active, et quand il y a lieu, la mention constatant qu'un certificat de bonne conduite a été accordé ou refusé au titulaire.

Le degré d'instruction à l'arrivée au corps, la progression de l'instruction militaire, les renseignements sur les cours des écoles régimentaires, de gymnastique et d'escrime suivis par l'homme, y sont également indiqués.

Le capitaine commandant relate, en outre, dans la forme indiquée, le trimestre, l'année, le numéro du bataillon et de la compagnie ; le numéro sous lequel l'homme est inscrit au contrôle et successivement les mutations et mouvements qui modifient la position du militaire. Ces mutations sont inscrites le jour même où elles se produisent, il n'est laissé ni ligne blanche, ni lacune entre ces mutations.

Le capitaine commandant inscrit aussi sur le livret matricule les dates, la durée et les motifs des punitions qui ont été successivement infligées au militaire. Lorsque celui-ci quitte le corps, ses punitions sont totalisées et certifiées par le capitaine commandant.

Enfin le capitaine commandant détaille sur le livret matricule les recettes et les dépenses de la masse individuelle.

L'inscription de ces opérations se fait aux époques indiquées ci-après :

Recettes.

1re mise ou supplément de 1re mise........ { Au moment de l'incorporation de l'homme ou de la mutation qui lui donne droit à un supplément.

Produit de la prime journalière........ { Le premier jour de chaque trimestre pour toutes les journées acquises pendant le trimestre précédent; et, en ce qui concerne les hommes rayés du contrôle, ou entrant dans une position d'absence, au moment où la mutation est inscrite au contrôle.

Versements faits par les hommes..........

Au moment où ils s'effectuent entre les mains du capitaine :

Les hommes dont l'avoir à la masse est au-dessous du complet peuvent toujours verser entre les mains des capitaines certaines sommes pour accroître ou compléter leurs masses.

Les capitaines doivent aussi retenir aux travailleurs en ville et aux hommes qui les remplacent dans leur service, la moitié du salaire qu'ils touchent jusqu'à ce que leur masse ait atteint le complet.

Ces sommes sont désignées sous le titre de versements à la masse.

Tous les mois les capitaines établissent un état nominatif des sommes qu'ils ont ainsi reçues et les versent entre les mains du trésorier.

Dépenses.

Excédant du complet réglementaire des hommes présents :

Avoir à la masse des hommes présents qui quittent le service ou qui sont promus adjudants, sous-lieutenants, etc.

Au moment où le paiement est fait aux hommes.

Prix des effets de petit équipement fournis aux hommes par les magasins du corps.

Au moment où les effets sont remis aux hommes.

Ces effets sont touchés par le capitaine au magasin du corps, sur des bons établis d'après un modèle donné, après approbation du major.

Montant des mandats délivrés aux hommes voyageant isolément pour avance en argent ou fournitures d'effets de petit équipement.

Au moment où le capitaine connaît l'inscription faite sur la feuille de route ou reçoit communication du mandat.

Prix des réparations d'effets ou armes mises au compte des hommes.

Au moment où le capitaine signe le bulletin de réparations établi d'après le modèle prescrit.

Montant des pertes et dégradations d'effets de casernement, de campement ou d'hôpital, et des dégradations dans les bâtiments de l'Etat ou chez l'habitant, mises à la charge des hommes.

Dès que l'état de répartition dressé par l'officier de casernement a été communiqué au capitaine, ou, en cas de départ des débiteurs, au moment de la mutation et sur note appréciative approuvée par le major.

Moins-value des effets et armes perdus ou mis hors de service par la faute des hommes.

Lorsque la notification est faite au capitaine de l'approbation donnée par le sous-intendant militaire au bulletin d'imputation dressé d'après un modèle spécial.

Le compte courant de tout homme de troupe est balancé le premier jour de chaque trimestre et lorsque le militaire entre dans une position d'absence ou qu'il cesse d'appartenir à la compagnie.

Toutes les rectifications à faire sur le compte courant des hommes de troupe sont opérées par voie d'augmentations ou de diminutions justifiées par des mentions explicatives.

Ces comptes courants ne sont signés par l'homme et par le capitaine qu'au moment où le militaire quitte le corps. Dans ce cas, un trait est passé immédiatement au-dessous des signatures.

L'enregistrement des effets d'habillement, de coiffure, de grand équipement et d'armement confiés à l'homme, les numéros et dates de la mise en service des effets sont portés sur le livret matricule.

Les livrets matricules sont individuels et mobiles, ils sont réunis dans un casier et classés dans l'ordre alphabétique.

Les livrets matricules des hommes qui, dans le même corps, changent de compagnie, sont remis au nouveau capitaine, au moment de la mutation.

Ceux des hommes qui passent à un autre corps sont envoyés au nouveau corps aussitôt après la radiation des contrôles.

Ceux des sous-officiers promus officiers sont conservés dans les archives du corps, si le titulaire ne quitte pas ce corps, ou envoyés au nouveau corps dont le titulaire doit faire partie. Au bout de trois ans, ils sont renvoyés au ministère de la guerre.

Les livrets matricules des hommes envoyés dans la disponibilité ou dans la réserve de l'armée active, dans l'armée territoriale ou dans sa réserve, sont envoyés au commandant du bureau de recrutement de la circonscription dans laquelle le militaire a été inscrit sur le registre matricule prescrit par l'art. 33 de la loi du 27 juillet 1872.

Les livrets des hommes décédés ou ceux rayés des contrôles pour longue absence reçoivent la même destination.

Si l'homme, en quittant son corps, se retire dans une autre subdivision de région que celle où il est porté au registre matricule, le commandant du bureau de recrutement, après avoir mentionné la mutation sur les registres, transmet le livret matricule au commandant du recrutement de la circonscription dans laquelle l'homme a fixé son domicile.

Les livrets matricules destinés à être envoyés soit à un autre corps, soit à un commandant de bureau de recrutement, sont certifiés au pied des mutations par le capitaine commandant et vérifiés par le major, qui constatent ainsi que l'ensemble des inscriptions faites sur les livrets sont exactes.

Lorsque les livrets matricules des hommes de la disponibilité ou de la réserve de l'armée active sont parvenus aux corps auxquels ces hommes sont affectés, les conseils d'administration font établir, à l'aide de ces livrets, des feuillets matricules mobiles dont la réunion forme le registre matricule des réservistes du corps. Ces livrets sont ensuite remis aux capitaines commandant les compagnies auxquelles les hommes sont affectés. Ils sont placés dans un casier semblable à celui qui renferme les livrets matricules des hommes présents sous les drapeaux.

En cas de changement de garnison, les feuillets matri-

cules et les livrets matricules concernant les réservistes
sont remis par le corps partant à celui qui le remplace.

Livret individuel.

Le livret individuel de l'homme de troupe est ouvert en
même temps que le livret matricule, par le commandant du
bureau de recrutement, qui y indique l'état civil et le signalement de l'homme et le titre sous lequel il est lié au
service.

Le livret individuel est envoyé au conseil d'administration du corps auquel est affecté le jeune soldat, au moment
de la mise en route de ce militaire pour rejoindre ledit
corps.

Dès l'arrivée de l'homme, le capitaine commandant la
compagnie inscrit, sur le livret individuel, la date de son
incorporation et celle de son arrivée, ainsi que tous les
autres renseignements qui figurent au livret matricule.

Le livret contient aussi la nomenclature réglementaire
des effets de petit équipement, le tableau des mesures de
l'homme et les types d'effets correspondant à ces mesures,
un tableau des résultats obtenus au tir à la cible, enfin les
dispositions des lois et réglements dont les militaires doivent
avoir incessamment le texte sous les yeux.

L'homme qui passe d'un corps à un autre emporte son
livret, sur lequel sont mentionnés, dès son arrivée, la désignation du nouveau corps, le motif et la date du changement de corps, le nouveau numéro matricule de l'homme,
le numéro du bataillon et de la compagnie où il est placé,
enfin toutes les indications nécessitées par le changement
de position du militaire.

Les effets et armes qui sont délivrés aux hommes et les articles de recette et dépense de leur masse sont inscrits au livret autant que possible en leur présence. Dans tous les cas, les capitaines commandants doivent mettre les hommes à même de constater l'exactitude de ces inscriptions.

Le capitaine arrête et signe, sur les livrets des hommes présents, les comptes courants de leur masse individuelle aux époques et dans les circonstances prescrites pour la balance de ces comptes au livret matricule.

Le livret individuel doit être laissé entre les mains des hommes à qui il est délivré; toutefois il lui est momentanément retiré à l'époque où l'homme rentre dans ses foyers, comme il est dit ci-après :

Lorsque le militaire est renvoyé dans la disponibilité de ou dans la réserve de l'armée active, le conseil d'administration du corps qu'il a quitté mentionne, au certificat qui figure à la gauche du livret individuel, la nouvelle position de l'homme et adresse ce livret au commandant de recrutement de la subdivision de région dans laquelle l'homme est inscrit au registre matricule.

Le commandant du bureau de recrutement indique, à la première page du livret, le nouveau corps auquel l'homme est affecté et qu'il doit rejoindre en cas d'appel pour prendre part aux manœuvres ou en cas de mobilisation. Cet officier remplit également un des ordres de route. Le livret individuel est ensuite envoyé au militaire par l'intermédiaire de la gendarmerie, qui constate, par procès-verbal, la remise de ce document au militaire titulaire.

Tout homme de la disponibilité ou de la réserve de l'armée active, qui change de domicile, est tenu de présenter son livret au commandant de la brigade de gendarmerie.

Celui-ci appose un visa constatant le départ, à la suite du certificat dont il a été parlé et fait l'envoi du livret au commandant du bureau de recrutement de sa circonscription, dans le cas où le nouveau domicile de l'homme est transporté dans une autre subdivision de région. Cet officier, après avoir supprimé l'ordre de route qu'il avait précédemment rempli, transmet le livret individuel à son collègue de la circonscription du nouveau domicile. Celui-ci opère pour les inscriptions à faire sur le livret individuel et pour la remise de ce document au titulaire, comme il a été expliqué ci-dessus, pour le cas où le militaire est envoyé dans la disponibilité ou dans la réserve de l'armée active.

L'homme qui perd son livret en fait la déclaration au commandant de la brigade de gendarmerie, qui porte ce fait à la connaissance du commandant du bureau de recrutement. Celui-ci établit un nouveau livret individuel à l'aide du livret matricule dont il demande communication au corps auquel le militaire est affecté. Il inscrit en gros caractères le mot **Duplicata** sur la première page.

Il fait ensuite le renvoi au corps du livret matricule et le nouveau livret individuel est adressé au titulaire avec les mêmes formalités que pour le premier livret.

Registre de comptabilité trimestrielle.

Le registre de comptabilité trimestrielle comprend :

Le livre de détail,

Le cahier d'enregistrement,

La feuille de journées des hommes,
La feuille de journées des chevaux,
La feuille de décompte.

1. Le livre de détail est destiné à présenter en un certain nombre de chapitres les renseignements indiqués par le titre même de ces chapitres.

2. Le cahier d'enregistrement est destiné à l'inscription rapide de tous les renseignements dont il est nécessaire de conserver la trace.

3. La feuille de journées des hommes présente : 1° les mouvements et mutations survenus depuis l'établissement de la feuille précédente; 2° le détail des journées donnant droit à la solde, aux indemnités, hautes-paies, premières mises, prime journalière de la masse individuelle ainsi qu'aux fournitures de vivres et chauffage; 3° le décompte des sommes et des rations à allouer.

4. La feuille de journées des chevaux est destinée à constater les mouvements et mutations survenus parmi les chevaux, ainsi que l'allocation des rations de fourrage auxquels ils ont droit.

5. La feuille de décompte est destinée à présenter l'avoir et le débet à la masse individuelle de chaque homme au premier jour du trimestre suivant ou au jour de sa radiation des contrôles. Dans cette feuille sont réunies toutes les recettes et dépenses inscrites au compte-courant pendant le trimestre qu'elles concernent.

En tête de chaque registre de comptabilité trimestrielle, existe une instruction pour la tenue de ce registre, que chaque comptable peut consulter; il est donc inutile d'entrer ici dans de plus longues explications.

Registre d'ordres.

Outre les livres dont il a été question, les capitaines font tenir un livre d'ordres par le fourrier, qui est responsable de sa régularité. Ce sous-officier le communique, dès qu'il y a de nouveaux ordres, aux officiers de la compagnie dont la signature justifie qu'il leur a été présenté.

A l'appel d'onze heures, l'officier de semaine fait donner connaissance des ordres à la compagnie, formée en cercle.

Les registres d'ordres sont établis pour une année et sont conservés jusqu'à la fin de l'année suivante; ils sont alors brûlés en présence du lieutenant-colonel, après qu'il a fait transcrire en tête des nouveaux registres les ordres généraux qu'il peut être utile de conserver.

Le lieutenant-colonel doit exiger que les livres d'ordres soient tenus avec régularité, qu'ils soient exactement communiqués aux officiers et signés par eux et que chaque officier prenne connaissance de tout ce qui y a été inscrit depuis son absence.

Chaque ordre a en marge un sommaire qui sert à former la table alphabétique et un numéro d'ordre dont la série se renouvelle tous les ans au 1er janvier.

Il est tenu en outre dans chaque bataillon un livre d'ordres pour les officiers de l'état-major de ce bataillon, d'après les mêmes règles et dans la même forme.

Le lieutenant-colonel tient le registre d'ordres du régiment qui est conservé aux archives du régiment.

Livret d'ordinaire.

Chaque compagnie tient aussi un registre appelé livret d'ordinaire qui présente, pour chaque prêt, le compte des recettes et dépenses de l'ordinaire; il forme un cahier qui sert pour douze mois, du 1er janvier d'une année au 31 décembre de l'année suivante.

La majeure partie de la solde des hommes de troupe est employée à acheter tous les vivres qu'ils ne reçoivent pas de l'administration, et à faire une foule de dépenses de nécessité première; elle constitue un fonds administré par le commandant de la compagnie sous le nom de *fonds de l'ordinaire*.

Les dépenses auxquelles ce fonds doit satisfaire sont les suivantes :

Achat de vivres autres que le pain de repas et la viande nécessaire à la nourriture des hommes.

Livrets d'ordinaire, éclairage des chambres, balais de propreté, ingrédients pour le marquage des effets d'habillement et de linge et chaussure, sabots de cuisine.

Rasage des hommes de troupe à raison de dix centimes par homme et par mois; le frater est tenu de couper les cheveux sans salaire.

Blanchissage du linge du corps (une chemise, un caleçon et un mouchoir de poche par semaine), du linge de cuisine (deux blouses et deux pantalons par semaine, torchons en nombre suffisant), ingrédients de nettoyage et de propreté pour les armes, les effets d'habillement et de grand équipement, la coiffure, la chaussure.

Fourniture, entretien et remplacement des paniers pour la viande, des brosses pour le pain, entretien des ustensiles de cuisine fournis par la masse générale d'entretien.

Aucune autre dépense, sous aucun prétexte, ne peut être mise à la charge des ordinaires.

Ce fonds a pour ressource principale le prélèvement journalier de vingt centimes, fait sur la solde de chaque homme de troupe vivant à l'ordinaire.

L'ordinaire reçoit, en outre, des produits additionnels, qui sont :

Cinq centimes par jour pour les travailleurs en ville; de plus 5 francs par mois si le service est partagé entre les hommes de la compagnie.

Le cinquième de la solde journalière pour les officiers aux arrêts de rigueur ou en prison avec sentinelle à leur porte.

Cinq centimes par jour, en sus de la somme que versent les soldats, pour les sous-officiers mangeant à l'ordinaire.

La totalité des centimes de poche dus aux hommes irrégulièrement absents le dernier jour du prêt.

Les centimes de poche des hommes punis de prison ou de la cellule de correction pour chaque jour de cette punition.

Le produit de la vente des eaux grasses et autres issues de la cuisine.

Chaque jour, le sergent-major indique sur le livret le nombre d'hommes vivant à l'ordinaire et fait le décompte des sommes qui en résultent ; les produits additionnels y sont inscrits à l'expiration du prêt, avec indication des noms, grades et journées des hommes qui y ont donné lieu ; on y ajoute encore les bonis résultant des prêts antérieurs et le total de ces inscriptions donne le total des recettes de l'ordinaire.

D'un autre côté, on inscrit chaque jour le détail des achats faits et les dépenses qui en résultent ainsi que les noms des hommes de corvée.

Le livret d'ordinaire est arrêté tous les cinq jours (ou fin du mois). A l'issue de chaque période et après vérification contradictoire, le capitaine commandant fait remettre à l'heure prescrite par le sergent-major, au lieutenant secrétaire de la commission des ordinaires, la note indicative de la somme dont l'ordinaire est débiteur.

Le lieutenant secrétaire établit en double expédition le bordereau des sommes dues aux fournisseurs et remet une de ces expéditions au trésorier ou à l'officier payeur au moyen de laquelle ce comptable retient ce qui est dû par chaque compagnie et paie les fournisseurs.

A l'expiration du prêt on totalise le livret d'ordinaire et l'on fait la balance entre les recettes et les dépenses. Le résultat donne la situation exacte des fonds de l'ordinaire.

Ce compte est signé par le chef d'ordinaire et le sergent-major et vérifié par le lieutenant, spécialement chargé par le capitaine de diriger l'ordinaire.

Les réglements sur la gestion des ordinaires prescrivent de constituer, dans chaque ordinaire, un fonds d'économie, permettant d'améliorer l'ordinaire, soit aux jours des fêtes nationales, soit dans les circonstances exceptionnelles ou dans les époques de cherté ; on l'obtient en s'arrangeant de telle sorte que le compte d'ordinaire dont on vient de parler, se solde par un excédant de recettes sur les dépenses que l'on appelle le *boni* d'ordinaire.

Ce fonds d'économie ne doit pas dépasser une certaine somme par homme présent ; cependant, en raison des inégalités du prix des denrées et pour permettre de prévoir des besoins ultérieurs, les chefs de corps peuvent autoriser les commandants de compagnie à dépasser ce chiffre.

Les sommes excédant le complet réglementaire des bonis sont alors versées à titre de dépôt dans la caisse du corps, d'où elles sont retirées lorsque les besoins l'exigent. Tant qu'il reste dans les limites réglementaires, le boni reste entre les mains des capitaines.

Commissions d'ordinaire.

D'après les prescriptions de l'ordonnance du 2 novembre 1833, les caporaux d'ordinaire font, en principe, l'achat des denrées nécessaires par compagnie. Mais en raison du prix élevé des denrées et des difficultés de plus en plus grandes pour assurer l'alimentation des hommes, on pensa, avec raison, qu'il serait préférable de faire des achats, non plus par compagnie, mais par corps, en traitant avec des fournisseurs qui, assurés alors d'un débit important, pouvaient faire des bonifications de prix. On prit alors le parti de substituer, partout où cela serait possible, l'achat fait par les soins d'une commission spéciale composée d'officiers, à l'achat isolé et journalier fait par les caporaux d'ordinaire. On y trouva enfin l'avantage d'arrêter complétement les abus invétérés, signalés maintes fois dans la gestion des ordinaires, par suite des remises que les fournisseurs avaient l'habitude de faire aux chefs d'ordinaire, au détriment, bien entendu, de l'alimentation des hommes.

Dans les corps organisés sous la forme régimentaire, la commission des ordinaires est nommée par le colonel et est composée :

D'un chef de bataillon, président;

De 4 capitaines de compagnies, membres;

D'un lieutenant, secrétaire, faisant fonction d'officier comptable de la commission, avec voix consultative.

5

La commission est renouvelée tous les 4 mois, les 1er janvier, 1er mai et 1er septembre et par moitié; les chefs de bataillon sont appelés à la présidence par rang d'ancienneté, les capitaines sont nommés d'après l'ordre des compagnies, tous concourant à la formation de la commission.

Elle est assistée par deux sous-officiers que le colonel désigne également.

Elle peut du reste délibérer au nombre de trois membres.

La commission passe des marchés, soit par adjudication, soit de gré à gré; elle peut aussi acheter chez le producteur, au jour le jour et sur facture; les marchés sont soumis à l'approbation du colonel.

Les livraisons sont, autant que possible, faites à la caserne même où sont des magasins appropriés à cet usage; elles sont reconnues et reçues par un membre de la commission, qui change chaque semaine, sauf appel à la commission entière; puis les denrées sont distribuées aux diverses compagnies. Les quantités à prendre pour le lendemain sont, chaque jour, indiquées au livret d'ordinaire par le capitaine, qui en donne connaissance au secrétaire de la commission.

Lorsqu'une portion de corps se détache, si, en raison du nombre insuffisant des officiers, elle doit laisser à la troupe le soin de pourvoir par elle-même à ses besoins, les achats sont inscrits au livret dont la formule est préparée de manière à se prêter à cette éventualité.

Les acquits des fournisseurs sont donnés alors par ceux-ci dans la colonne à ce réservée, qui tient lieu de cahier de quittances. Dans ce cas l'officier commandant le détachement et l'officier chargé de la direction de l'ordinaire surveillent et assurent l'exécution rigoureuse des dispositions de l'ordonnance du 2 novembre 1833, ainsi conçues :

« Les fournisseurs doivent être payés comptant et en pré-
» sence de l'homme de corvée; il est défendu au chef d'or-
» dinaire d'acheter à crédit; le cahier de quittances doit
» chaque jour justifier des paiements faits aux bouchers,
» boulangers, épiciers. Toute remise, tout arrangement il-
» licite entre les fournisseurs et le chef d'ordinaire sont ab-
» solument interdits; ils entraînent le changement immé-
» diat des premiers et la punition sévère du second; le ca-
» poral encourt toujours la suspension, et au besoin la cas-
» sation; si son nom figure sur le tableau d'avancement, il
» en est rayé. »

HABILLEMENT.

Le service de l'habillement est chargé de pourvoir les troupes de tout le matériel nécessaire à l'habillement des hommes et au harnachement des chevaux. On y rattache aussi la fourniture des effets de campement nécessaires aux troupes campées et baraquées.

Des magasins spéciaux, appelés magasins centraux, gérés par des officiers d'administration du service de l'habillement, installés d'une manière permanente dans certaines places, reçoivent, confectionnent, conservent toutes les matières et effets nécessaires et les distribuent ensuite aux corps de troupe.

En principe, l'État doit fournir aux hommes tous les effets qui leur sont nécessaires; il doit les renouveler lorsqu'ils sont usés ou hors de service.

Pour satisfaire à cette obligation, l'administration fournit directement aux militaires tous les effets dont ils ont besoin. Ces effets sont distribués soit à titre de première mise, soit à titre de remplacement; une durée légale est assignée à chaque effet et est fixée soit par trimestre, soit par année.

Les effets dont la durée est fixée par trimestre forment ce qu'on appelle *la première catégorie;* ce sont généralement tous les effets d'habillement proprement dits : capote, épaulettes, pantalon, tunique, veste et képi; une partie d'entre eux est remplacée de droit lorsque leur durée réglementaire est expirée, les autres ne le sont qu'après avoir été réformés par l'autorité compétente.

Les effets dont la durée est fixée par année forment la *seconde catégorie;* ce sont tous les effets de grand équipement et ceux d'habillement et de coiffure autres que ceux classés dans la première catégorie. La durée qui leur est assignée est une durée minima et ils doivent rester en service, même lorsqu'ils l'ont dépassée, jusqu'à ce qu'ils aient été réformés.

Les autres effets, linge et chaussure, etc., compris sous le nom commun d'*effets de petit équipement*, sont fournis aux hommes par le magasin du corps et imputés à leur masse individuelle.

Les corps sont pourvus d'effets de petit équipement soit par les magasins de l'Etat, soit par les fournisseurs adjudicataires, soit enfin au moyen d'achats qu'ils effectuent directement.

Lorsque des effets de petit équipement sont adressés aux corps, ils sont examinés et reçus, avant leur entrée définitive en magasin et la distribution aux hommes, par le Conseil d'administration assisté de trois officiers de compagnie les plus élevés en grade, ou tous ceux qui sont présents quand il y en a moins de trois.

Les effets d'habillement et de grand équipement distribués à titre de première mise sont dus aux hommes nouvellement incorporés.

Ceux distribués à titre de remplacement sont dus aux militaires pour remplacer ceux dont la durée légale est expirée ou dont la réforme a été prononcée.

Il n'est pas établi de distinction entre ces deux catégories pour la distribution des effets neufs et des effets en cours de durée.

Aucun remplacement n'a lieu dans le trimestre qui précède celui de la libération du service actif.

Les sous-officiers reçoivent toujours, à titre de première mise, des effets neufs de première tenue.

Les engagés conditionnels d'un an ne reçoivent que des effets neufs.

La distribution des effets en cours de durée s'opère en utilisant d'abord autant que possible ceux qui sont le plus près d'atteindre le terme de leur durée.

Les effets de la première catégorie sont marqués au magasin d'habillement, du trimestre de la distribution et de l'indication du numéro du corps. Les effets neufs reçoivent, en outre, à l'encre indélébile, un numéro de série.

Les effets de cette catégorie sont marqués dans les compagnies, par les soins des capitaines, du numéro matricule des militaires qui en sont détenteurs.

Les effets réintégrés en magasin pour être remis en service reçoivent, au moment de leur versement, l'indication du trimestre de la réintégration, suivi de la lettre R.

Lorsqu'ils sont distribués de nouveau, et c'est ce qu'on appelle alors des effets en cours de durée, le trimestre de la nouvelle mise en service y est apposé, ainsi que l'indication du nombre de trimestres restant à parcourir réglementairement.

Les anciennes marques doivent être conservées sur les effets d'une manière apparente, jusqu'à la mise hors de service.

Les effets de la deuxième catégorie sont marqués du millésime de l'année de leur première mise en service et d'un numéro de série.

Ces marques sont apposées sur les effets au moment de leur distribution.

Il y a une série distincte pour chaque sorte d'effets.

Les effets de petit équipement ne reçoivent que le numéro matricule de l'homme qui doit être placé, ainsi que l'indique un tableau sur la manière de marquer les effets, affiché dans les chambrées.

CAMPEMENT.

Le matériel de campement comprend des tentes avec tous leurs accessoires (piquets, cordeaux de tirage, petites cordes, etc.), que l'on divise en grandes tentes et tentes-abris, des couvertures de laine, des ustensiles et des outils de campement.

Les ustensiles sont : un petit bidon de un à deux litres muni de sa courroie (on en donne un à chaque homme), un seau en toile, une marmite et une gamelle ; on donne une collection de ces trois effets pour quatre hommes.

Les outils se composent de pelles, pioches, haches,

serpes; ils servent pour le nivellement des camps, pour le dressage des tentes, pour fendre le bois, etc.

En dehors de ces effets de campement il est mis à la disposition des corps d'infanterie, par les soins du service du génie, des outils de pionniers, destinés à permettre aux troupes d'exécuter en campagne, sans recours aux troupes du génie, divers travaux tels que tranchées-abris, épaulements pour l'artillerie, ouverture et réparation de voies de communication, abattis, etc. Mais ces outils sont transportés sur des voitures qui ne pourraient, sous peine d'encombrer les colonnes, accompagner les bataillons auxquels elles sont attachées. On a alors reconnu la nécessité de mettre à la disposition des fractions constituées, un certain nombre d'outils, faciles à porter, et permettant, non pas d'exécuter des travaux de terrassement, mais de détruire rapidement les obstacles qui pourraient s'opposer à la marche des colonnes pendant l'attaque ou de venir en aide à la défense en perçant des creneaux, organisant des abattis, etc.

Tel est le but des outils portatifs de l'infanterie.

La série comprend trois outils de pionniers à manche court :

      Une hache à main,
      Une pelle carrée,
      Un pic à tête,
      Plus une scie articulée avec sa lime.

Avec la hache on détruira les palissades et les barrières, on enfoncera les portes et les volets, on abattra les petits arbres pour faire des abattis, etc.

Avec la pelle, on travaillera, en s'aidant du pic, à la

réparation des chemins, on exécutera les travaux en vue de faciliter le passage des voitures de munitions de réserve, qui doivent marcher avec les bataillons, etc.

Avec le pic, on s'attaquera à la maçonnerie, on aidera à la destruction des palissades, on forcera les serrures, on ouvrira des meurtrières, etc.

Avec la scie articulée, on détruira les barrières, on coupera les gros arbres, etc.

L'assortiment d'outils portatifs d'une compagnie se compose de :

> Deux haches à main,
> Deux pelles carrées,
> Quatre pics à_tête.

Il y a de plus une scie articulée par bataillon.

Les outils de compagnie seront portés par les hommes les plus forts, qui n'auront pas à porter d'ustensiles de campement. Ces porteurs devront, en outre, être choisis parmi les soldats ayant exercé des professions dans lesquelles on fait usage de l'outil qui leur sera attribué : ainsi les haches, notamment, devront toujours être portées par des hommes ayant exercé la profession de charpentier ou de bûcheron ; cet outil, en raison de sa trempe, demandant à être manié par des mains exercées. Les pelles seront données de préférence aux terrassiers ou aux jardiniers, et les pics aux maçons ou tailleurs de pierre.

La scie sera confiée à un caporal désigné dans la première compagnie du bataillon.

Ces outils seront portés sur le havre-sac, d'après les instructions données à cet égard.

Les sapeurs porteurs d'outils forment la dernière file à la gauche de chaque section.

ARMEMENT.

C'est le service de l'artillerie qui est chargé de la fabrication des armes et des munitions de toutes sortes. Il y procède au moyen d'établissements spéciaux appelés fonderies, capsuleries, manufactures d'armes, raffineries, poudreries, arsenaux, etc. Il est également chargé de la conservation de ce matériel jusqu'au moment de sa remise aux corps de troupe qui doivent en faire usage.

Le réglement du 1er mars 1854 régit le mode de conservation et d'entretien des armes dans les corps.

Dans chaque corps, le colonel et le major exercent une surveillance toute spéciale sur les détails de l'armement.

Un lieutenant d'armement désigné par l'inspecteur général est, sous les ordres de l'officier d'habillement, chargé de tout ce qui concerne l'entretien et la conservation des armes; il a pour adjoint, dans chaque bataillon, un sous-lieutenant désigné par le chef de corps et renouvelé tous les six mois.

L'exécution des réparations est confiée, dans le corps, à des chefs armuriers commissionnés par le ministre.

Deux modes sont employés, l'abonnement et le régime de clerc à maître. Le premier mode est toujours suivi à l'intérieur par les corps qui ont un chef armurier; le second est seul adopté aux armées.

Dans le premier mode, l'abonnement, le chef armurier s'engage, moyennant un prix ferme, par arme et par an, à faire aux armes toutes les réparations nécessitées par leur service ordinaire et à remplacer les pièces usées ou cassées par l'effet de leur usage naturel dans les maniements d'armes, les feux, le tir à la cible, etc. Toutes les autres réparations sont à la charge des hommes, quand les dégradations proviennent de leur faute, ou à la charge de l'Etat, si elles sont nécessitées par un défaut de fabrication ou par un cas de force majeure dûment constaté.

Dans le régime de clerc à maître, le chef armurier fait toutes les réparations qui lui sont ordonnées au prix d'un tarif fixé par le ministre.

Le chef armurier reçoit, pour l'exécution de ces réparations, des pièces d'armes qui lui sont fournies par les corps qui les ont préalablement commandées dans les manufactures, et la valeur lui en est imputée. Les prix des réparations fixés par les tarifs comprennent donc toujours la valeur des pièces d'armes nécessaires.

Chaque année, un capitaine d'artillerie, assisté d'un contrôleur d'armes, est chargé de l'inspection des armes dans chaque corps. Il les examine toutes minutieusement et dresse un rapport d'inspection, dont un double est laissé par lui pour remettre à l'inspecteur général.

Les armes sont marquées d'un numéro de série.

Munitions.

Les corps reçoivent du service de l'artillerie des munitions consistant en cartouches de sûreté et cartouches d'exercice.

Ces munitions sont touchées par les compagnies sur des bons établis d'après un modèle donné et distribuées aux hommes.

Elles sont versées en magasin, lorsqu'une mutation l'exige, au moyen d'un bulletin de versement.

Ces deux pièces sont signées du capitaine.

Les cartouches de sûreté, à raison d'un certain nombre de paquets par homme, sont placées dans la giberne et dans le sac de l'homme qui a en plus deux cartouches libres renfermées dans l'étui à cartouches en fer-blanc.

Les cartouches d'exercice sont destinées au tir à la cible et sont touchées et distribuées au moment de cet exercice.

LOGEMENT, CASERNEMENT, LITERIE.

Logement.

Le service du logement comprend dans son ensemble tout ce qui se rapporte au logement des hommes et des chevaux, aussi bien les moyens de couchage que les locaux.

Il y a pour l'armée différentes sortes de logement :

Le bivouac,

Le logement sous la tente ou sous les baraques,

Le logement chez l'habitant,

Et le logement dans les bâtiments militaires ou casernement.

Les deux premiers modes sont les plus ordinaires en temps de guerre; les deux autres sont les moyens normaux d'installation du temps de paix.

Lorsque les troupes sont prêtes à agir au premier signal, elles restent au bivouac où elles s'installent avec les moyens que l'industrie du soldat permet de créer sur place et les effets de campement que chaque homme porte toujours avec lui.

Lorsque la concentration des troupes doit se prolonger,

il est pourvu à leur installation au moyen de grandes tentes ou de baraques, construites spécialement pour cet usage.

Le service du campement fournit alors tout le matériel de campement nécessaire, le service du génie construit les baraques et le service des subsistances fournit la paille de couchage.

Lorsqu'on est assez éloigné de l'ennemi pour pouvoir, sans trop d'inconvénients, disséminer les troupes, on peut, si l'on trouve les ressources suffisantes, loger les hommes chez les habitants; on dit alors que les troupes sont cantonnées.

L'ordonnance du 3 mai 1832 sur le service des armées en campagne et l'instruction du 4 octobre 1875 sur le service de l'infanterie en campagne, régissent tout ce qui concerne les bivouacs, camps ou cantonnement, ainsi que l'établissement d'un bivouac.

La loi du 23 mai 1792 prescrit que le logement chez l'habitant est fourni aux militaires, sans indemnité, toutes les fois qu'ils voyagent avec feuille de route, soit isolément, soit en corps ou en détachement; mais cette gratuité n'est que temporaire; après deux nuits, l'habitant qui fournit le logement a droit à une indemnité. Le logement est encore dû aux militaires en station, lorsque par suite de l'insuffisance justifiée des ressources de l'administration militaire en bâtiments et en effets de couchage, il n'est pas possible de les loger dans des locaux militaires; il y a, dans ce cas, lieu à indemnité. L'indemnité est fixée à 15 centimes par lit et par nuit pour deux hommes couchant ensemble, 10 centimes par homme couchant seul ou par lit fourni dans un bâtiment militaire par suite de l'insuffisance des moyens de couchage.

De ces systèmes du logement chez l'habitant découlent des obligations réciproques de la part des militaires et des habitants.

Les officiers ont droit à une chambre, au feu et à l'éclairage; l'ameublement doit être convenable et en rapport avec le grade et les fonctions.

Les soldats, caporaux, sergents et fourriers ont droit à un lit pour deux; les sergents-majors et adjudants à un lit seul; tous ont droit à l'usage des ustensiles de cuisson qui leur sont nécessaires et à une place au feu et à la chandelle.

De son côté, le soldat doit toujours se conduire avec convenance; on ne peut jamais déposséder l'habitant de son lit ou de sa chambre et en aucun cas le forcer à nourrir le militaire.

Après deux nuits de logement chez l'habitant et alors que celui-ci reçoit l'indemnité de couchage, il n'est plus tenu de fournir aux militaires le feu ni la chandelle. Les soldats reçoivent alors des rations individuelles de chauffage et se réunissent par escouade pour la cuisson des aliments.

Casernement.

Le service du casernement est régi par le règlement du 30 juin 1856.

La construction et l'entretien des casernes sont confiés au service du génie ainsi que le mobilier dépendant de ces casernes autre que la literie.

Trois autorités distinctes interviennent dans le service du casernement et composent la commission du casernement :

1° Le commandant de place, qui est chargé de la police

militaire des quartiers occupés par la troupe, et qui désigne celles des casernes que chaque troupe doit occuper;

2° Le sous-intendant militaire, qui est chargé de la désignation des locaux que doivent occuper les troupes dans les casernes qui leur sont affectées par le commandant de place. Ce fonctionnaire veille à ce que les locaux ne soient pas distraits de l'affectation qui leur est donnée et exerce une surveillance constante sur l'entretien du mobilier;

3 Le commandant du génie, qui a pour mission de faire construire, entretenir et réparer les bâtiments et qui doit veiller à la conservation du mobilier. Comme le sous-intendant, il doit aussi s'opposer à ce qu'aucun local ne soit distrait, par la troupe, de son affectation réglementaire. Il a la garde et la surveillance exclusive des bâtiments non occupés.

Les officiers du génie ont sous leurs ordres des adjoints du génie, chargés, en ce qui concerne le casernement, de toutes les opérations de détail, de la remise et de la reprise des logements militaires.

Avant l'entrée d'une troupe dans une caserne, l'officier de casernement visite minutieusement les logements avec l'adjoint du génie, pour s'assurer qu'ils sont en parfait état d'entretien et de propreté et qu'ils contiennent tout le mobilier nécessaire; il signe ensuite un état des lieux, contenant l'inventaire de tous les objets d'ameublement; cet état des lieux, signé aussi par l'adjoint du génie, est visé par le sous-intendant militaire.

A partir de ce moment, les corps sont responsables de toutes les dégradations et pertes qui sont de leur fait, tant pour les bâtiments militaires que pour les objets mobiliers qui les garnissent ; ils doivent tenir tous les locaux en bon état de propreté.

Pendant la durée de l'occupation, l'adjoint du génie et l'officier de casernement procèdent tous les trois mois à une nouvelle visite ; ils constatent les dégradations et en prennent note. Un procès-verbal du sous-intendant militaire relate ces dégradations, la nécessité de les réparer et leur mise à la charge des occupants. Ce procès-verbal est présenté à la signature du corps.

Les réparations sont immédiatement exécutées par l'entrepreneur du génie qui reçoit du corps un certificat d'exécution.

L'entrepreneur établit alors une facture qu'il appuie du procès-verbal des dégradations, du certificat d'exécution et d'un décompte des réparations exécutées ; le sous-intendant l'arrête et y porte, pour le corps, l'invitation de payer.

Le paiement est effectué directement par le trésorier, et le conseil d'administration en fait la répartition entre les auteurs des dégradations.

A cet effet, les capitaines, après qu'il leur a été donné connaissance de la répartition des sommes imputées aux hommes de leurs compagnies, font établir, d'après le modèle prescrit, des bulletins de dégradations au moyen desquels ces sommes sont portées en dépense au compte courant de la masse individuelle des militaires ayant commis les dégradations ou les pertes.

Literie.

Le service des lits militaires est chargé de procurer aux militaires en station, logés dans les bâtiments du casernement, les effets de couchage nécessaires et ceux d'ameublement qui ne sont pas fournis par le service du génie.

Ce service a toujours été soumis au régime de l'entreprise, en raison de la dépense qu'occasionneraient l'acquisition d'un matériel considérable et l'entretien d'un personnel spécial. — L'entreprise générale a été préférée à l'entreprise partielle.

L'entrepreneur est tenu d'avoir un préposé dans chacune des places où doit être entretenu un matériel de literie, lequel doit toujours obtempérer aux ordres des fonctionnaires de l'intendance en ce qui concerne l'exécution du service.

L'entrepreneur est chargé de la garde, de l'entretien et de la distribution des couchettes et chalits qui sont toujours la propriété de l'État.

Les matelas et traversins de la troupe sont rebattus tous les dix-huit mois.

Afin de constater d'une manière certaine les époques de reconfection, on appose sur chaque matelas ou traversin une empreinte en encre indélébile, portant l'indication du trimestre pendant lequel les effets ont été reconfectionnés, que la reconfection ait lieu par suite des manutentions périodiques ou qu'elle ait lieu par suite de dégradations mises à la charge des hommes.

Les draps de lit des fournitures de soldat sont blanchis tous les vingt jours en été, tous les trente jours en hiver.

La paille des paillasses est renouvelée tous les six mois. La paille fraîche est transportée du magasin à la caserne par les soins de la troupe, qui va garnir elle-même les paillasses au magasin. La vieille paille est la propriété de l'entrepreneur, elle est déposée par la troupe en un lieu

désigné à l'avance par le sous-intendant et enlevée sans
retard par le préposé.

Blanchissage du linge de troupe.

L'entreprise des lits militaires ayant à blanchir pour son
propre compte, des quantités considérables de linge, était
mieux à même que qui que ce soit de se charger du blanchissage du linge de la troupe, dans des conditions de
régularité et d'économie désirables. Aussi a-t-elle consenti
à faire ce service dans toute la France, au prix de cinq
centimes par homme et par semaine. Ce prix s'applique à
une chemise par semaine et un caleçon par quinzaine et
par homme, plus le blanchissage gratuit des effets de cuisine à raison de deux collections par compagnie.

La dépense causée par ce blanchissage est imputée sur
les fonds de l'ordinaire; par suite, tous les hommes vivant
à l'ordinaire sont tenus de faire blanchir leur linge par ce
mode; les autres peuvent s'en dispenser et employer le
mode qui leur convient.

Dans chaque compagnie, chaque semaine, le capitaine
établit un bulletin de blanchissage et le remet à l'officier
de casernement la veille des jours fixés pour le versement
du linge à blanchir; cet officier le récapitule en un état de
blanchissage signé par le chef de corps.

La remise du linge au préposé est faite après reconnaissance contradictoire entre cet agent et l'officier de casernement; tous les effets à blanchir sont remis, par compagnie, dans des sacs ou enveloppes portant le numéro de
la compagnie.

Au jour fixé pour la restitution du linge blanc, le préposé réunit le linge dans les enveloppes qui contenaient le linge sale et chaque paquet est restitué aux compagnies, en présence de l'officier de casernement, après reconnaissance préalable du contenu.

Le montant de la dépense est payé au préposé par les soins du trésorier, qui a reçu des commandants de compagnie la somme nécessaire, prélevée sur les fonds de l'ordinaire.

DISTRIBUTION D'EFFETS DE TOUTE NATURE.

Les distributions des effets de 1re et de 2e catégorie et des armes à titre de première mise ou de remplacement, se fait aux compagnies, par les magasins des corps, au moyen d'un bon conforme au modèle no 2 annexé au décret du 16 février 1875, portant modification à l'ordonnance du 10 mai 1844 sur l'administration et la comptabilité des corps de troupe.

Les effets de petit équipement sont touchés du magasin au moyen d'un bon, établi conformément au modèle no 6 du même décret.

Les effets de campement sont reçus par les compagnies, au moyen du bon établi d'après le modèle no 7 dudit décret.

Ces bons sont signés par les capitaines et approuvés par le major.

Les effets de literie sont distribués aux compagnies par le préposé de la compagnie des lits militaires, sur un bon spécial, en présence de l'officier de casernement et de l'officier de semaine.

Tous ces bons sont enregistrés sur le livre de détail des compagnies, selon le cas, aux chap. 6, 7, 9, 10 et 11.

RÉINTÉGRATION D'EFFETS.

Lorsqu'une mutation, survenant parmi les hommes de troupe, motive sa radiation des contrôles, il doit conserver et emporter certains effets d'habillement et verser les autres en magasin, ainsi que tous ses effets de grand équipement, de campement et ses armes. Les effets de petit équipement imputés à sa masse individuelle étant sa propriété, lui appartiennent toujours.

Les effets de 1re et 2e catégorie et les armes sont versés par les compagnies au magasin du corps, au moyen d'un bulletin de versement, établi d'après le modèle n° 3 du décret du 16 février 1875 sus-énoncé.

Tous les effets en la possession de l'homme rayé pour toutes causes doivent figurer sur ce bulletin. Les effets emportés par l'homme sont suivis de la lettre E, ceux imputés à l'homme, de la lettre I.

Les effets de campement sont versés en magasin au moyen du bulletin de versement conforme au modèle n° 8 du décret susdit.

Ces bulletins de versement sont certifiés par le capitaine et approuvés par le major.

Les effets de literie sont versés au magasin de la compagnie des lits militaires d'après un bulletin spécial.

Ces bulletins de versement sont ensuite enregistrés par les soins des commandants de compagnie aux chapitres 6, 7, 10 et 11 du livre de détail.

Passage d'hommes d'une compagnie à une autre.

Lorsqu'un homme passe d'une compagnie à une autre, il emporte avec lui tous les effets et armes qui peuvent lui être utiles dans la nouvelle position ou le nouvel emploi qu'il va occuper ; les autres sont versés en magasin par l'ancienne compagnie. La nouvelle compagnie lui fait toucher les effets et armes auxquels sa position ou son emploi lui donnent droit.

Dans ce cas, le chapitre XI seulement du titre de détail constate les gains et pertes des effets de literie, passés ou venus d'autres compagnies, afin que chaque compagnie ait un compte de ces effets bien et toujours établi.

Le livret matricule est balancé et remis au capitaine de la nouvelle compagnie; le livret individuel est arrêté et signé par le capitaine qui passe l'homme.

Dégradations. — Réparations.

En principe, les militaires sont responsables de la conservation et du bon entretien des effets et armes qui leur sont confiés ; toutes les pertes et dégradations provenant de leur faute ou de leur négligence sont imputées à leur masse individuelle, et il est établi à cet effet des bulletins de réparations ou de dégradations, conformes à des modèles spéciaux, signés du commandant de la compagnie, d'après des tarifs qui déterminent l'espèce et le prix de chaque réparation.

Les dégradations de toute nature, survenues dans le service ou par cas de force majeure, sont généralement au compte de l'Etat; elles doivent alors être constatées par des procès-verbaux régulièrement établis.

Pour les autres réparations à exécuter aux effets d'habillement et de grand équipement des compagnies, il est passé ordinairement, entre le conseil d'administration et les caporaux tailleurs et cordonniers, des marchés aux termes desquels ces ouvriers s'engagent à entretenir, réparer, faire entretenir ou faire réparer à leur compte ces différents effets, moyennant un abonnement d'une certaine somme par homme et par an pour tous les hommes présents ou détachés sur le pied de paix.

Lorsqu'une réparation a besoin d'être faite, le capitaine établit un bulletin de réparations en indiquant à qui devra être imputée la réparation.

Ce bulletin est porté, avec l'effet à réparer, par le sous-officier de semaine au capitaine d'habillement, qui le vise, après avoir reconnu que la réparation est bien indiquée.

Les réparations aux armes des compagnies, reconnues nécessaires, doivent être exécutées aussitôt que les dégradations sont constatées, d'après des bulletins nominatifs visés par l'officier de subdivision et délivrés par les commandants de compagnie, qui indiquent à qui doit être imputée la réparation.

Ces bulletins sont portés, avec l'arme à réparer, par le sous-officier de semaine, au sous-lieutenant d'armement, qui les vise également, après avoir reconnu que la réparation est bien indiquée sur le bulletin; il en réfère au lieutenant d'armement s'il n'est pas de l'avis du capitaine.

Les réparations aux armes des réservistes, qui n'ont pas de masse individuelle et qui ne font qu'un court séjour au corps, sont au compte de l'Etat.

En cas de doute sur l'imputation indiquée sur le bulletin, il en est référé au major.

Les contestations relatives à l'imputation des réparations, sont d'abord soumises au major. Elles sont jugées en dernier ressort par le conseil d'administration, après avoir entendu le major représentant l'intérêt de l'Etat et le chef de bataillon sous les ordres duquel se trouve la compagnie à laquelle appartient l'homme.

Moins-values.

Le prix intégral des armes et des effets de campement, ainsi que la moins-value des effets d'habillement et de grand équipement, qui sont perdus ou qui sont reconnus hors de service par la faute des hommes qui en sont détenteurs, sont imputés sur leur masse individuelle. Le montant de la perte ou de la moins-value est constaté par un bulletin établi, d'après le modèle n° 61, annexé à l'ordonnance du 10 mai 1844, par le capitaine de la compagnie, certifié par lui et par l'officier d'habillement, revêtu de l'avis du conseil sur la justice de l'imputation et approuvé par le sous-intendant militaire.

Le montant de ces imputations est versé chaque trimestre au Trésor par les soins du conseil d'administration.

L'inscription du montant des réparations exécutées aux effets et aux armes, se fait au chapitre 12 du livre de détail, au moment de la remise du bulletin à l'ouvrier chargé de la réparation. Les moins-values sont enregistrées au même chapitre au moment de la remise du bulletin au capitaine d'habillement ; les dégradations et les autres imputations à faire sur la masse individuelle sont inscrites lorsque les états de répartition sont communiqués au capitaine.

HOPITAUX.

Le service hospitalier a pour objet d'assurer aux militaires, malades ou blessés, les soins de toute nature qui leur sont nécessaires dans toutes les circonstances possibles.

Les militaires ne sont admis à l'hôpital qu'après avoir été visités par un médecin, qui est juge de l'opportunité de l'admission et établit un billet d'entrée, le signe, le fait signer par le capitaine de la compagnie et viser par le trésorier.

Lorsqu'un homme entre à l'hôpital du lieu, ses effets d'armement, d'habillement et d'équipement sont visités en sa présence au magasin du régiment où ils restent déposés, ainsi que son sac qui est fermé et étiqueté. L'état en est dressé ; il est signé par l'homme qui s'absente et par le sergent-major et renfermé dans le sac ; un double de cet état, également signé, est conservé par le sergent-major. Si le soldat entrant à l'hôpital ne peut assister à cette visite, il y est remplacé par un homme de l'escouade.

Les réparations aux effets et armes sont constatées lors de la visite, et celles qui sont urgentes et auxquelles on ne peut surseoir sont immédiatement exécutées et imputées au compte de l'homme.

Si les réparations sont de nature à être faites plus tard par l'homme ou si les effets peuvent continuer à faire un bon service pendant qu'il les aura en sa possession, une note inscrite au compte courant de l'homme, signée par le commandant de compagnie, indique la valeur estimative des dégradations reconnues. Si l'homme est rayé des contrôles, l'imputation des dégradations est faite au compte de sa masse individuelle.

Le sergent-major remplit le billet d'hôpital que lui a fait remettre le docteur qui a visité l'homme et inscrit les effets emportés par ce dernier. Il arrête son livret individuel, le présente à la signature du capitaine ainsi que le billet d'hôpital et le remet à l'homme, qui doit en rester possesseur. Il inscrit la mutation et la situation de la masse sur la situation journalière.

Le compte courant de l'homme est balancé sur le livret matricule ; il est arrêté et signé sur le livret individuel.

Autres positions d'absence.

Lorsqu'un homme entre dans une autre position d'absence, le dépôt de ses effets et les réparations à exécuter se font de la même manière, ainsi que la balance et l'arrêté de son compte sur ses livrets.

DÉSERTEURS.

Dès que le sergent-major suppose qu'un homme a déserté, il fait établir, en double expédition, l'inventaire de ses effets en présence du caporal et d'un soldat de la chambrée, qui le certifient ; cet inventaire est visé par le capitaine. Le sac et tous les effets sont aussitôt déposés provisoirement au magasin avec une expédition de l'inventaire; l'autre expédition est remise au major. Le versement définitif au magasin a lieu le jour où l'homme est déclaré déserteur.

La désertion à l'intérieur est constatée après six jours d'absence illégale lorsque le militaire est présent et après quinze jours s'il est en congé, en permission ou en route. S'il n'a pas trois mois de service, la désertion n'est constatée qu'après un mois d'absence.

En temps de guerre, ces délais sont réduits des deux tiers.

Est déclaré déserteur à l'étranger, en temps de paix trois jours, et en temps de guerre un jour, après celui de l'absence constatée, tout militaire qui franchit sans autorisation les limites du territoire français, ou qui, hors de France, abandonne le corps auquel il appartient.

Dès qu'un homme a déserté, il est établi des signalements de recherches qui sont adressés à diverses autorités. Après sa rentrée au corps ou son arrestation, de nouveaux signalements sont adressés aux mêmes autorités pour faire cesser les recherches.

INDEMNITÉ DE ROUTE.

Lorsque des militaires voyagent isolément pour des raisons de service ou de santé, ils ont droit à une indemnité de route destinée à leur permettre de subvenir à la dépense de leur transport et de leur subsistance en route, sans le concours de leur solde.

Cette indemnité n'est pas due lorsque le déplacement a lieu par suite de convenance personnelle.

L'indemnité de route se divise en deux indemnités distinctes, une indemnité de transport destinée à assurer le transport proprement dit et une indemnité journalière destinée plus spécialement à assurer la subsistance des militaires en route.

L'indemnité de transport consiste essentiellement en

une indemnité kilométrique, allouée pour toutes distances parcourues, du point de départ au point de destination, tant sur les chemins de fer qu'en diligence ; le taux en varie suivant que le militaire doit employer l'un ou l'autre de ces modes de voyage.

L'indemnité de transport n'est jamais allouée pour les voyages effectués à pied, par étapes.

L'indemnité journalière, destinée à assurer la subsistance des militaires en route, leur est allouée pour chaque journée passée en route, quel que soit le mode de transport ou de locomotion employé.

Elle est allouée seule lorsque les militaires voyagent par étapes ou lorsque le transport est déjà assuré au moyen de réquisitions de chemin de fer ou de mandats de convois sur les routes ordinaires ; en tout autre cas, elle s'ajoute à l'indemnité de transport.

Les militaires en route sont tenus de franchir par vingt-quatre heures :

360 kilomètres sur les voies ferrées,

120 kilomètres en diligence sur les voies ordinaires.

Chacune de ces distances donne droit à une journée d'indemnité. Les fins de parcours n'y donnent droit que lorsqu'elles dépassent 40 kilomètres sur les chemins de fer et 12 kilomètres sur les routes ordinaires.

Il est accordé une journée pour chaque étape ou distance légale franchie à pied. On entend par étapes la distance comprise entre deux gîtes d'étapes voisins, et, sur les routes qui ne sont pas lignes d'étapes, on considère comme équivalente à une étape une distance parcourue de 24 kilomètres ; c'est ce qu'on appelle distance légale.

Les distances inférieures à 12 kilomètres n'ouvrent aucun droit.

Feuille de route.

Les feuilles de route sont collectives ou individuelles.

Quelles qu'elles soient, elles ont un double but :

1° De tracer l'itinéraire que les militaires marchant, soit en corps ou détachement, soit isolément, doivent suivre pour se rendre à leur destination ;

2° Quand il s'agit de troupes en marche, de faire connaître les variations de leur effectif, et, pour les militaires isolés, de constater les circonstances qui peuvent modifier leur situation ;

3° De déterminer le droit de chacun aux diverses prestations et de conserver la trace des allocations faites.

Ces pièces servent de passe-port aux militaires qui ne peuvent, quel que soit leur grade, exécuter un mouvement quelconque sans en être munis.

Les militaires qui ne sont pas porteurs de feuilles de route ou de tout autre titre équivalent, établi en due forme, peuvent être arrêtés par la gendarmerie et reconduits, sous escorte, jusqu'à destination ; il en est de même de ceux qui, bien que munis de feuilles de route, sont rencontrés hors de la direction qu'ils doivent suivre. L'autorité militaire peut, si elle le juge convenable, renvoyer à leur corps, par mesure disciplinaire, les militaires qui, allant en congé ou en permission, se sont écartés de leur route.

Un militaire qui a perdu sa feuille de route doit en faire la déclaration immédiate au sous-intendant du lieu où il se trouve ou à son suppléant.

Les suppléants légaux des sous-intendants sont les sous-préfets dans les chefs-lieux d'arrondissement, les maires dans les chefs-lieux de canton et communes.

S'il n'y a aucun doute sur l'identité du militaire, il lui est délivré une nouvelle feuille de route; sinon, il est remis à l'autorité militaire, qui le place en subsistance dans un des corps de la garnison, ou même l'envoie à la maison d'arrêt jusqu'à ce que son identité soit reconnue.

Le sous-intendant doit écrire aussitôt à celui de ses collègues qui, d'après le dire de l'intéressé, aurait délivré la feuille de route perdue, ainsi qu'au conseil d'administration du corps auquel l'homme a déclaré appartenir; les renseignements demandés doivent être donnés dans le plus bref délai.

Si les renseignements obtenus confirment la déclaration du militaire, il lui est remis immédiatement une nouvelle feuille de route, sinon l'homme est livré à l'autorité compétente.

Les feuilles de route sont délivrées par les sous-intendants militaires et leurs suppléants légaux qui ont, à ce sujet, les mêmes obligations et la même responsabilité; cependant les maires ne délivrent que des sauf-conduits et non des feuilles de route; les sauf-conduits sont délivrés par eux pour aller jusqu'à la résidence la plus rapprochée d'un sous-intendant militaire ou d'un autre suppléant sur la route à suivre.

A l'arrivée à destination, les feuilles de route doivent toujours être soumises au visa du sous-intendant militaire; ce visa doit être daté.

Les mouvements ayant pour objet un changement de garnison sont généralement ordonnés par le ministre, ils peuvent l'être par les généraux de division en cas d'urgence.

Lorsqu'il s'agit d'un corps de troupe, le ministre adresse au chef de corps, par la voie hiérarchique, une pièce indiquant la date prescrite pour le départ, le nombre de colonnes s'il y a lieu, l'ordre de marche, l'itinéraire à suivre pour chacune des colonnes, les dates d'arrivée et de séjour dans chaque gîte d'étape. C tte pièce, destinée à servir de feuille de route, s'appelle *ordre de mouvement*.

Souvent le ministre envoie autant d'ordres de mouvement qu'il y a de colonnes à mettre en route, quelquefois il n'envoie qu'un seul ordre qui sert de feuille de route à la colonne principale ; les autres colonnes reçoivent des feuilles de route par les soins du sous-intendant militaire.

On opère de la même manière pour la mise en route des détachements. On considère comme détachement toute réunion de militaires du même corps, suivant la même route, au nombre de six au moins au moment du départ ; l'un d'eux est chef de détachement. Si, pendant la route, ce chiffre vient à diminuer, pour une raison quelconque, le détachement n'en reste pas moins constitué jusqu'à l'arrivée.

Lorsqu'un corps ou détachement est mis en route, la veille du départ de chaque colonne, le sous-intendant en constate l'effectif par une revue. Cet effectif est mentionné sur l'ordre de mouvement ou la feuille de route.

Le sous-intendant délivre ensuite, au commandant de chaque colonne, les mandats nécessaires pour assurer les vivres et voitures de convoi jusqu'à la plus prochaine résidence du sous-intendant militaire sur la route à parcourir.

Ces allocations sont renouvelées à chaque résidence de sous-intendant, où une nouvelle revue d'effectif doit être passée par ce fonctionnaire. Effectif et allocations de toutes natures sont inscrits soigneusement sur les feuilles de route.

A l'arrivée, une dernière revue d'effectif est passée par le fonctionnaire de l'intendance du point de destination, qui constate, par sa signature sur la feuille de route, la date de l'arrivée et l'effectif réel de la colonne à cette date.

Tout militaire qui se déplace reçoit du sous-intendant une feuille de route qui lui est délivrée par ce fonctionnaire après examen de l'ordre en vertu duquel a lieu le déplacement et des droits qu'il confère.

Généralement, pour les militaires en station, l'ordre de mise en route est notifié au sous-intendant par le chef de corps, qui lui adresse une invitation de feuille de route. Cette invitation, collective ou individuelle, suivant le cas, doit contenir tous les renseignements nécessaires pour permettre d'apprécier le droit des militaires qui y sont portés ; elle engage la responsabilité de l'officier qui la délivre.

Le sous-intendant établit un mandat d'indemnité de route calculé d'après les règles énoncées plus haut et le remet au militaire avec la feuille de route.

Les mandats sont payables immédiatement par le payeur du lieu de départ, sur l'acquit du militaire ; ils doivent être présentés le jour même, ou, au plus tard, le lendemain du jour de la délivrance aux parties prenantes, avec leur feuille de route, sur laquelle le payeur appose un timbre de paiement.

Dans le cas où un mandat, délivré avant le départ, n'aurait pu être touché par le titulaire, il serait annulé par le sous-intendant militaire du lieu de destination qui pourrait en établir un nouveau.

Avances en argent et en effets de petit équipement.

Les militaires en activité voyageant isolément dans une position qui ne donne pas droit à une indemnité de route, peuvent recevoir, en cas d'urgence, une avance en argent, pour subvenir aux frais de leur voyage jusqu'à destination. Cette avance ne doit pas dépasser le montant de l'indemnité de route correspondant au trajet pour lequel elle est réclamée.

L'avance ordonnancée est inscrite sur la feuille de route du militaire et sur son livret individuel.

Dans ce dernier cas, le sous-intendant examine si le militaire n'a pas déjà reçu d'avances et s'il reconnaît qu'en raison de la date récente de la dernière avance et de son importance, le militaire a dissipé son argent; il le remet entre les mains de l'autorité militaire qui le fait conduire à pied, sous l'escorte de la gendarmerie, jusqu'à la station de chemin de fer la plus voisine ou jusqu'à la première étape, suivant le cas. Une nouvelle avance n'en est pas moins délivrée.

Les mandats d'avance portent toujours, en gros caractères, la mention : *Avance en argent.*

Les sous-officiers et soldats en activité peuvent recevoir aussi, à titre d'avance remboursable, et en cas d'urgence, des effets de petit équipement : chemises, guêtres ou souliers, lorsqu'ils voyagent isolément avec ou sans indemnité de route, ou lorsque voyageant ou stationnant en détachement, ils ne peuvent recevoir ces effets des magasins des corps auxquels ils appartiennent.

Il leur est alors remis par le sous-intendant des ordres de fourniture, sur la présentation desquels les effets leur sont remis, soit par les magasins centraux, soit par les corps stationnés dans la place, soit par des entrepreneurs.

Cette avance est inscrite sur la feuille de route et le livret individuel du militaire par le sous-intendant. Si ce fonctionnaire s'aperçoit qu'en raison des avances antérieures qu'il aurait reçues, l'homme de troupe a dû dissiper ses effets de petit équipement, il le livre à l'autorité militaire.

Ces avances en argent et en effets sont imputées sur la masse individuelle des hommes de troupe.

Rennes, imprimerie militaire Alph. Le Roy fils.

www.ingramcontent.com/pod-product-compliance
Lightning Source LLC
LaVergne TN
LVHW012210170726
843503LV00005B/1989